全国职业培训推荐教材
劳动和社会保障部教材办公室评审通过
适合于职业技能短期培训使用

超市理货员

周申磊 主编

中国劳动社会保障出版社

图书在版编目(CIP)数据

超市理货员/周申磊主编.—北京：中国劳动社会保障出版社，2008

职业技能短期培训教材
ISBN 978-7-5045-6832-8

Ⅰ.超… Ⅱ.周… Ⅲ.超级市场-商业服务-技术培训-教材 Ⅳ.F717.6

中国版本图书馆 CIP 数据核字(2008)第 036654 号

中国劳动社会保障出版社出版发行

(北京市惠新东街1号 邮政编码：100029)

出 版 人：张梦欣

*

北京金明盛印刷有限公司印刷装订 新华书店经销
850 毫米×1168 毫米 32 开本 3.375 印张 83 千字
2008 年 3 月第 1 版 2014 年 1 月第 8 次印刷

定价：7.00 元

读者服务部电话：010-64929211/64921644/84643933
发行部电话：010-64961894
出版社网址：http://www.class.com.cn

版权专有　　侵权必究

举报电话：010-64954652

如有印装差错，请与本社联系调换：010-80497374

前 言

职业技能培训是提高劳动者知识与技能水平、增强劳动者就业能力的有效措施。职业技能短期培训能够在短期内，使受培训者掌握一门技能，达到上岗要求，顺利实现就业。

为了适应开展职业技能短期培训的需要，促进短期培训向规范化发展，提高培训质量，中国劳动社会保障出版社组织编写了职业技能短期培训系列教材，涉及二产和三产百余种职业（工种）。在组织编写教材的过程中，以相应职业（工种）的国家职业标准和岗位要求为依据，并力求使教材具有以下特点：

短。教材适合15～30天的短期培训，在较短的时间内，让受培训者掌握一种技能，从而实现就业。

薄。教材厚度薄，字数一般在10万字左右。教材中只讲述必要的知识和技能，不详细介绍有关的理论，避免多而全，强调有用和实用，从而将最有效的技能传授给受培训者。

易。内容通俗，图文并茂，容易学习和掌握。教材以技能操作和技能培养为主线，用图文相结合的方式，通过实例，一步步地介绍各项操作技能，便于学习、理解和对照操作。

这套教材适合于各级各类职业学校、职业培训机构在开展职业技能短期培训时使用。欢迎职业学校、培训机构和读者对教材中存在的不足之处提出宝贵意见和建议。

劳动和社会保障部教材办公室

简 介

本书是职业技能短期培训教材之一，主要内容包括超市基础知识、理货员岗位概述、后场操作、卖场操作、损耗控制与盘点等内容。

本书的作者团队长期工作在具有先进管理理念的超市第一线，具有丰富的工作经验和培训经验，因此教材是理论基础与实践经验的完美结合，是实用的岗位操作培训手册。

本书既可用于对超市理货员进行上岗前培训或岗位培训，又可供理货员自学使用。

本书由周申磊主编，庞淑华、孙涛、金中、李敏、王沪放参编。庞淑华绘图，孙涛摄影。

编者说明

近十几年来，随着我国市场经济的快速发展和人们生活水平的不断提高，超级市场得到了蓬勃发展，超级市场给人们带来了丰富实惠的商品、方便舒适的购物环境、愉快自由的购物过程，这些无疑提高了人们的生活品质。同时，超级市场以新的购物场所、新的经营方式带给人们新的购物理念，它与现代人快节奏的生活相呼应，也在改变人们的生活方式。

大量超市的出现，特别是连锁超市的出现，促进了我国传统商业的变革，这种变革使经营理念、经营机制和管理手段发生了翻天覆地的变化。相对于传统商业零售店中的从业者，超市在岗位人员结构上有了根本的变化，在观念和技能上也有了彻底的改变。无论在外资超市还是在我国超市中都有着大量理货、收银、服务、商品检验、安全管理等岗位工作人员，他们中有老商业售货员、服务员，也有刚刚走出校门的中专生、大专生、甚至大学生，还有来自农村的打工者，这些人组成了一只庞大的超市员工队伍，是超市从业人员中的主力军，这支主力军正随着超市的繁荣与发展不断成熟起来。超市这个有生命力的行业也给他们带来无限发展空间。他们在工作中实现自身的价值，感受工作的快乐，寻求发展机会，憧憬美好的明天。

我们根据十几年从事超市工作的经验编写了这套书，愿这套书对我们超市的主力军更好地认识超市、掌握超市的知识、学习本岗位业务、增强实际工作能力有所帮助。

超市员工更加憧憬美好明天

目 录

第一讲 超市基础知识……………………………………（1）

 模块一 超市的概念………………………………（1）

 模块二 超市的来历………………………………（2）

 模块三 超市的种类………………………………（4）

 模块四 超市的服务………………………………（7）

第二讲 理货员岗位概述………………………………（11）

 模块一 岗位特点…………………………………（12）

 模块二 岗位职责…………………………………（14）

 模块三 岗位纪律…………………………………（17）

 模块四 常用设备及工具…………………………（19）

 模块五 常用商品知识……………………………（25）

第三讲 后场操作………………………………………（34）

 模块一 商品订货…………………………………（34）

 模块二 商品验收…………………………………（37）

 模块三 处理常见问题……………………………（41）

 模块四 库房商品整理……………………………（43）

第四讲 卖场操作………………………………………（52）

 模块一 上货与补货………………………………（52）

模块二	理货	(61)
模块三	清洁	(63)
模块四	商品促销	(66)

第五讲 损耗控制与盘点 ……………………………… (73)

模块一	损耗控制	(73)
模块二	盘点	(77)

附录1 理货员一日工作内容 …………………………… (86)
附录2 超市常用名词 …………………………………… (90)

第一讲 超市基础知识

模块一 超市的概念

1. 超市的定义

超市是超级市场（supermarket）的简称，它是指以销售食品为主（其中生鲜品占有一定比重），采取自选购物的形式，在收银台集中结账，为满足人们日常生活需要提供商品的零售店。

超市的定义由三大核心要素组成：

（1）超市以经营食品为主，其中生鲜占一定比例。也就是说，超市一定要卖食品，这是首要条件。这有别于其他一些专业店铺（如以经营电器为主的国美、苏宁等）。没有食品的超市不是真正意义上的超市。其次，生鲜商品（如肉、蛋、菜）是老百姓天天都离不开的食品，所以超市经营的食品中生鲜商品要占一定比例。

（2）商品购买频率高。除食品外，超市经营的日用百货杂品在日常生活中使用频率高，需反复购买。如果仔细观察，就会发现超市里的百货商品与百货店里的商品是有区别的，超市里的家居商品都是人们经常使用和购买频率高的商品。

（3）采取自助式服务，通过收银台结算。超市采取开放式的商品展示，让顾客自己挑选各种商品，然后到收银台统一结算。这样就将过去传统商店需多次完成的交易变成一次交易。

2. 超市的特点

（1）目标顾客。超市的主要服务对象是家庭主妇，即超市主要吸引家庭主妇到店购物,满足她们的需求。

(2) 规模。大型超市经营面积在 2 500 平方米以上,中型超市经营面积在 400~2 500 平方米,小型超市经营面积在 120~400 平方米。

(3) 商品结构。中小型超市以经营食品为主,日常生活用品、非食品为辅;大型超市的食品和日常生活用品各占营业面积的 50% 左右,其中生鲜食品要占到一定的比例。

(4) 价格策略。采取低价策略,经常开展促销活动。

(5) 店铺设施。力求干净、简洁、明快,不豪华。

(6) 销售方法。超市出口和入口分离,采取自助式服务,在收银台统一交款。

模块二 超市的来历

1. 超市的起源

超市于 19 世纪 30 年代起源于美国。那时美国处在经济危机时期,市场萧条,商店的买卖都不好做。有一个叫库伦的人,想出一个办法,他以低于市场平均价格的商品在竞争中取胜,所以商店的房子和设备都采用低投资,卖场里只用货架不用柜台,并由顾客自选商品,自助式购物,统一收款,这就是超市最初的形式。由于低成本保证了商品的低价格,这种形式的出现很快被人们接受。

超市的出现可以说是人类在购物行为上的一次根本性的变革,不仅是商品的低价格带给人们实惠,更重要的是自助式购物拉近了顾客与商品的距离,增加了顾客选择商品的自由度,人们可以摆脱因售货人员的不良态度而带来的各种不快,特别是售货由原来服务员的介绍,变成了通过商品的展示和陈列让商品自己向顾客表达信息,避免了顾客在购物中的很多麻烦和心理障碍。

由于超市是通过收银台一次性完成结算，大大节省了顾客购物的时间，特别是由于商品的极大丰富，使人们摆脱了往返于很多商店，多次交易的不便。超市的出现与发展使人们的购物行为发生了一次历史性的解放。

2. 超市在我国的发展

我国在19世纪90年代初开始出现超市，在十几年的时间里迅速发展。说起我国的超市发展历史，还要从我们以前实行的计划经济下的商场和商店说起。以前的商场和商店都是国家根据居民住宅的分布，统一配置网点的，如北京的四大菜市场，繁华商业街的百货大厦、商业区的百货店，居民区里的副食商场等，居民较少的地方就设个副食店，副食店的任务是向周围居民供应副食品，与之相配套的还有粮店、杂货店等。

十几年前，没有超市，人们买菜买肉要去菜市场，买米买面要去粮店，买油盐酱醋要去副食店，买锅碗瓢盆要去杂货店，买日用品要去百货店，买服装鞋帽要去百货公司。改革开放了，经济发展了，市场繁荣了，商品极大丰富，为引进超市提供了条件，很快市场上就出现了一种将生鲜、食品、用品集中在一个店里销售的场所——这就是超级市场。超市将顾客要几站才能完成的购物变成一站式购物，将原来的柜台式销售变成了开架自选，将几次交易结算变成了通过收银台一次性交款，给顾客购物带来了极大的方便。

经过十几年的发展，超市逐渐代替了原来的菜市场、副食商场、粮店、杂货店，并根据规模大小和功能的区别，又分化出了大卖场、综合超市、便利超市、便利店。

改革开放以后，法国的家乐福和欧尚、美国的沃尔玛、英国的特易购、泰国的易初莲花、日本的伊藤洋华堂和7—11、德国的麦德龙等外资超市陆续进入我国市场。它们的到来加剧了中国零售市场的竞争，同时也给我们带来了新的消费理念和购物方式。国内超市也飞速发展壮大，它们发挥本土零售企业更加了解顾客需求和购物规律的优势，紧紧贴近大众需求，以低成本换取商品的低价格，使消费者得到更多的实惠。

超市在我国的发展不仅给顾客带来了实惠的商品和便利的购物，更重要的是新的购物方式带来了新的消费理念，提高了人们的生活品质。

模块三 超市的种类

依据选址、规模、商品配置、服务特点综合分析，超市可分为如下几类：

1. 生鲜食品超市

生鲜食品超市一般在社区附近，顾客通常只需要十几或二十几分钟就能到达，面积一般在1 000平方米左右，生鲜商品占很大的比例。其主要功能是为附近家庭提供一日三餐的生鲜食品及相关的用品，价格通常较低。

生鲜食品超市虽然有很大的顾客群，但经营难度比较大，因为生鲜商品的经营需要先进的采购技术、先进的物流配送、先进的加工技术、先进的温度管理，这样才能做到新鲜和低价。

2. 便利超市

便利超市（见图1—1）一般开在居民区中，顾客可以每天都去。它比生鲜超市小，在200平方米和600平方米之间，大多是由以前居民区里的副食店改建而成的，只有较少的生鲜食品，主要为居民提供日常生活必需品，即使用频率最高，消耗最多的大众化商品，如粮油、酒饮、副食、日配、洗涤用品等。便利超市为附近居民提供比较便利的购物服务，是附近居民的好邻居、好助手。

图 1—1 便利超市

3. 便利店

便利店通常开在企事业单位、学校、车站、马路旁等流动顾客多的地方，24 小时营业，为流动顾客提供即时、快速、方便的商品和服务。其经营面积一般在 100 平方米左右，也有几平方米和十几平方米的快速店。便利店经营的商品一定是经过优选的、流转快的、小包装的，但不一定是价格低的。比如，牛奶、面包、饼干、饮料以及杂志、文具等，顾客可以随时找到，几分钟就可以完成购物。便利店的经营要有比较强大的连锁系统来提供商品配送，那样才能保证便利店有新鲜的商品和多种服务项目。目前，许多便利店采用了加盟的形式。

4. 综合超市

综合超市开在居民比较密集的社区附近，交通便利，购物方便，为居民提供居家生活必需品，营业面积在 1 000 平方米以上 6 000 平方米以下。这种超市经营生鲜和一般食品，同时增加了一些家居用品和更换频率高的小家电等。综合超市中增设商店街，专门经营服务性商品，为顾客提供更方便的服务，成为一个小型社区的服务中心。一般顾客一周光顾两三次，一次购物时间大致在 30～60 分钟。

5. 大卖场

大卖场（见图1—2）一般开设在交通发达的主干道边，离居民区较近，有较大的停车场，营业面积在10 000平方米以上，商品更加齐全，除了生鲜和一般食品比较丰富外，家居、家电、文化娱乐等方面的商品也更加丰富，商品大众化，价格实惠，购物环境舒适，规模大，为现代化都市生活的居民一周或一个月的集中购物提供更加丰富和实惠的商品。

图1—2 大卖场

大卖场有单一型的，也有设商店街、店中店的综合型的，商店街和店中店一般都设在收银出口外，主要满足顾客"逛"的需求。

大卖场替代了百货商场的一些功能，特别是家具、家电、文化娱乐、针织服装等，其中商店街引进诸如洗衣、修理、美容、美发、餐饮等服务性经营，使大卖场更能满足人们日常生活所需。

6. 仓储超市

仓储超市一般开设在交通便利的地方，具有较大的停车场，集仓储与销售为一体，卖场有很高的货架，上方是库存的货物，下面是销售的商品，经营生鲜、食品和用品。通常采取会员制的方式，商品的品类都是针对会员的需求来进行配置的。为批量购买的顾客提供大包装、低价格的商品。仓储超市为企事业单位、公司、个体经营者的团体大宗购物提供了很大的方便。

超市的种类不是一成不变的，它会随着消费者需求的变化而不断产生新的类型。

模块四　超市的服务

超市的服务对象是顾客，到超市来的客人无论买不买东西都是超市的客人。顾客是超市赖以生存的基础，超市是为顾客开的，没有顾客，超市就没有存在的意义。

1. 超市工作的本质是为顾客服务

超市卖的是商品，但商品不是超市生产的，而是工厂生产的，是超市采买进来，摆到货架上，再卖出去的（当然，有些超市也有不少自己加工的商品，一般为即时食用的生鲜品，但现场加工为的是保证其最新鲜，并不是成批生产商品）。其实，超市只是一个交易场所，它用科学的方法将人们日常生活所必需的商品从各个生产厂家或供应商那里组织进来，通过各种方法有效地摆放到卖场里，让顾客能够很方便地买到自己需要的商品。超市的卖场就是商家为供应商和消费者搭建的一个交易平台，所以超市里所有的工作都是服务。超市既为顾客提供服务，也为生产厂家或供应商提供服务。

超市为顾客提供的服务是以商品为核心的，一切都围绕着顾客购买商品展开。具体体现在为顾客提供的商品是他们所需要的、齐全丰富的、可选择的、价格实惠的；提供的购物环境是舒适的、清洁的、通畅的、方便的。

综上所述,我们应明确一个主题——超市的本质是为顾客提供服务(见图1—3)。

图1—3 超市的本质是为顾客提供服务

2. 服务顾客的心态

心态决定着员工的工作态度和工作行为,有好的心态才能有好的服务。

(1)感谢之心。顾客来购物,员工所做的一切才可能实现其价值,否则,一切都会变得没有意义,所以对顾客,我们要有感谢之心,感谢之心会引导我们虔诚地做好工作。

(2)双赢之心。为顾客提供满意的服务,同时完成了商品的销售,实现了自己的目标,因此,在为顾客着想的同时也为自己努力,双赢之心会使我们注重工作的细节。

(3)宽宏之心。为顾客服务必须要有宽阔的胸怀,顾客是各种各样的消费者,员工要做到不计较顾客的一句话、一个眼神、一个动作,这一点是最值得修炼的。

服务态度最能体现我们对顾客的真诚和我们的职业素质。

3. 服务体现在细节上

超市采取的是自助式服务,充分发挥自助式服务的功能和优势,体现在员工对顾客的尊重上,体现在服务工作的细节上。

(1) 干净整齐的仪容。员工穿整齐干净的工装,佩戴规范的胸章或胸卡;女员工化淡妆,头发简洁利索,不留长指甲,不佩戴两个以上的首饰;男员工不留长发和胡须。

(2) 亲切自然的仪表。在卖场,员工表情要自然亲切,站姿优雅、腰背挺直,走路要轻快、速度平均、精力集中、不东张西望;两人同行时不可拉手搭肩,避免跟客人尤其是儿童碰撞;在卖场的员工不得有挖耳、抠鼻、修指甲、嬉笑打闹、聊天等不礼貌的动作,打喷嚏、咳嗽要转身避人。

(3) 真诚微笑的仪态。端庄诚恳的仪态会带给顾客信任与愉快。接待顾客时,员工要真诚微笑,目光关注,自然得体地倾听顾客诉说,不得随意打断顾客的讲话,可适时地点头或提问给予反馈。

(4) 文明礼貌的服务用语。员工与顾客沟通时所用的语言直接影响顾客购物的满意度,规范的服务用语是与顾客交流的金钥匙。

1) 迎宾语。当与顾客距离1~2米时要主动用"您好,欢迎光临!"或"您好,您需要帮助吗?"与顾客打招呼。

2) 感谢语。当顾客离开时,可以说:"谢谢您的光顾!"当顾客表示感谢时要讲"不用谢,这是我应该做的。"

3) 尊敬的称呼。与顾客交谈时要注意对顾客的称呼,以示尊重:对成年男子可称"先生",对青年女子可称"小姐",对年纪较大的女子可称"女士",对老年人可称"大爷、大妈",对儿童可称"小朋友",切忌看错年龄和性别引起误会。

4) 抱歉语。"很抱歉,请稍等,我帮您查一下。""对不起,让您久等了。""对不起,给您添麻烦了。"在顾客提出需要帮助或解决问题时,要首先表示歉意。

5）请字当头。与顾客交谈时一定要注意加一个"请"字。例如，"请您别着急！""请慢慢挑！""请跟我来……"

6）服务忌语。

——不知道，你自己看说明。

——不清楚，请您看样品。

——您看看，价签上写得很清楚。

——你找什么呢？

——现在没时间，等会儿吧。

——慢点，如果弄碎了您得赔。

——让开，小心碰着你。

不要小看这些话，售货员可能是随口而出，却反映出对顾客的不礼貌和不尊重。使用这些语言不但有损自身形象，还可能使店铺失去顾客的信任。

（5）耐心解答顾客的问题。顾客在店中无论向哪个员工提出问题，无论是什么样的问题，员工都应在第一时间给出耐心、清楚的回答或解释。如果顾客提出的问题员工确实不清楚，可以请其他员工帮助或引导顾客到服务台解答，绝不能怠慢顾客。

（6）真诚帮助有困难的顾客。看到顾客有困难，特别是老人、小孩和残疾人，一定要提供力所能及的帮助。例如，搀扶上下楼梯，帮助捆绑、提拉商品，提示商品价格等。

小结

超市是一个有蓬勃生命力的行业，也是一个劳动密集型的行业，行业新、员工队伍新，有很多专业知识需要学习，有很多新的问题需要探索。从事这个行业的员工首先要对这个行业有一个基本认识，要从掌握基础知识开始踏踏实实做好本职工作，在我国超市发展的进程中实现自身价值。

第二讲 理货员岗位概述

理货员工作在超市店铺的各个班组,是超市营运第一线的重要岗位。

理货员顾名思义就是负责商品整理、进行商品操作的员工。理货员主要和超市的商品打交道,是超市商品流转业务的主力军。

超市商品流程图如图 2—1 所示。

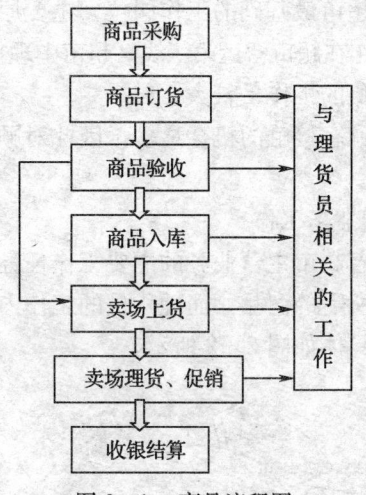

图 2—1 商品流程图

从上图可以看出在超市商品流转过程中,除开头(商品采购)和结尾(收银结算)外,其他所有环节的工作都要有理货员参与。理货员担负着超市主营业务的主要工作量。另外,理货员在卖场作业中还要和顾客打交道,做促销、服务工作,可以说理货员是将超市的商品和服务最直接地展现给顾客的形象代表。其工作的好坏直接关系到店铺能否实现自己的经营目标。关系到顾客对超市店铺的评价和满意度,所以理货员的责任重大。

模块一　岗位特点

理货员同超市其他岗位（如采购员、安管员、服务员等）相比,具有以下特点:

1. 超市的基础岗位

就像人们一提起医院就想起医生与护士,一提起学校就想起学生和老师一样,人们一提起超市就会想起理货员和收银员。理货员和收银员是超市最基础的工作岗位,主要原因如下:

（1）他们工作在超市营运第一线,超市中理货员的人数最多。

（2）他们担负的工作量较大。

（3）他们和顾客接触的机会最多,因此对顾客和社会的影响也较大。

2. 担负主营业务工作

理货员担负着超市主营业务的主要工作任务。超市主要是销售人们日常生活所需的商品,而理货员的工作内容就是围绕着这些商品进行的,具体如图2—2所示。

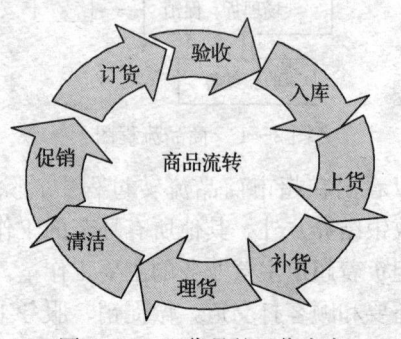

图2—2　理货员的工作内容

从商品的订货开始到商品的验收、入库、上货、补货、理货、清洁、促销，这只是理货员日常所做的主要商品流转工作，此外理货员还要做好商品的退货、报损和商品盘点工作。只有使以上每一个具体操作环节都正确衔接，才能保证超市商品的正常流转，才能适时地向顾客提供满意的商品，可见理货员的工作多么重要。

3. 横向联系多

由于工作环节多，理货员要与超市内部很多部门的人员相互配合才能完成自己的工作。

(1) 与收货部门相配合。商品都是通过收货部门的验收进入超市的，如果没有通过收货部门的验收，理货员无权从收货区拉走任何货物；同时，当理货员退货时，也要通过收货部门的参与和管控，才能完成货物从超市向供应商的"倒流"。所以理货员要经常与收货部门保持横向联系。

(2) 与收银部门相配合。当商品价格、质量、标识、促销政策等出现问题，而收银员无法向顾客正确解释时，收银部门往往会直接与负责该商品的理货员联系，理货员要在第一时间做出答复，以便快速地为顾客解决问题。

(3) 与美工部门相配合。超市的美工部门负责超市内部的装饰，很多海报、店内广告（point of purchase，简称 POP）[①]、宣传画等都是由美工部门来张贴和悬挂，而有关商品促销价格的POP，很多时候都是由美工部门的员工来书写，当部门在更换促销商品价格，尤其是在更换促销海报时，理货员将会集中地寻求美工部门的协助。

(4) 与客服部门相配合。超市的客服部门主要是为顾客提供服务，如开具发票、存包取包、办理顾客退换货、向顾客提供咨询、解决顾客投诉等，其中非常重要的一项工作就是解决顾客投

---

① 超市常用名词可参见附录2。

诉。有些投诉，客服部门能够自行解决，但是，很多时候，客服部门需要在负责具体业务的理货员的协同下，才能解决好顾客投诉，做好售后服务工作。

此外，总部采购员也常常找理货员了解市场情况，要求理货员帮忙搜集商品销售的第一手资料等。总之，理货员除了要服务好外部顾客外，还要不断增强沟通能力，服务好内部员工，圆满完成自己的任务。

4. 工作面大

一个普通的理货员一般要管上百项商品，负责几个到十几个货架（包括量陈、端架、花车），一个到几个卖场通道。其工作场地从验货区到后场，从仓库到卖场。工作头绪多、工作场地大，所以理货员特别需要分清工作的轻重缓急，按超市商品工作流程规范操作，以提高工作效率。

模块二　岗位职责

1. 保证自己所管的主要商品不脱销

商品脱销是理货员的大忌，因为它不仅影响店铺的销售额，更重要的是顾客买不到自己所需的商品，会失去对店铺的信任。最畅销的商品最容易脱销，所以理货员要特别关注畅销商品，为保证卖场中畅销商品的供应，应努力做到以下几点：

（1）提醒或配合组长（或主管）及时订货，订货量要把握准确不能少也不能太多。

（2）配合收货部门认真验货，将供应商或配送中心送来的商品及时拉入库房或补入货架。

（3）整理库房的商品，保证商品干净、整洁、分类清楚，保证商品在库安全。

2. 促进商品销售

促进商品销售、满足顾客需求，是理货员工作的最终目标。依据超市开架售货的特点，为方便顾客及时看到、找到、挑选自己所需的商品，理货员要做到以下几点：

（1）及时补充货架商品，保证卖场商品排面整齐、丰满、不缺货。

（2）随时整理货架、把被颠倒的商品调整过来，把破损的商品挑出来，保证货架和商品的干净、整洁。

（3）根据小组的促销陈列计划，适时更换端架和堆头上的商品。

（4）当商品的价格变化时，及时对商品的价签和相应的POP进行更换。

（5）经常检查商品价签，发现破损及时更换，发现错位立即更正。

（6）诚恳、热情地向顾客推介商品，引导消费。

（7）主动向领导和相关部门反映一线动态，提出合理化建议。

3. 真诚、热情地为顾客服务

理货员为顾客提供满意的服务，应具体表现在卖场各个工作环节的细节上，例如：

（1）当顾客正在选购商品时，理货员不要打扰顾客，也不要强行向顾客推荐某些商品，这会让顾客感到厌烦。当顾客找不到自己要买的商品的具体位置时，会向附近的理货员询问，这时理货员要立即停下手边的工作，热情地进行引导，将顾客带到要选购的商品前。

（2）如果顾客要选购的商品不是本组的商品，理货员不能说"这不是我们组的商品"，然后置之不理。如果不熟悉其他组的商品，可以找相关的理货员或员工，委托他们来引导顾客。

（3）在引导顾客时，理货员要注意礼仪，具体要求是右手臂微屈，五指并拢，手心向上，手指指向顾客需要前行的方向，不要用食指单指的方式为顾客指路。

（4）当服务或商品质量有问题时，顾客会进行投诉，理货员如果遇到投诉的顾客，要耐心听顾客说明投诉原因，如果自己能处理，要及时进行解释或处理；如果不能处理，则及时告知顾客，并将顾客引到服务台，由客服人员进行解决。千万不能拖延或搪塞顾客。

（5）有的老年人常常找不到或看不清保质期标注的地方，有的年轻人非常关心商品说明。这时理货员就要主动帮助他们查看，如果老年人眼神不好，理货员还要念给他们听，耐心解答不同人的不同问题，请他们放心购买。

（6）店铺推出新商品或南方的店铺卖北方的商品，北方的店铺卖南方的商品时，常常发生这样的情况，顾客看着新鲜想买但又不清楚吃法或用法，犹豫不决。对这样的商品，理货员要特别注意加强宣传和讲解，必要时还要建议店铺创造条件进行演示（如家电商品常常需要利用样品进行演示）。

（7）当顾客询问理货员不熟悉的商品时，理货员可以委婉地告诉顾客，自己不太熟悉，同时要向顾客推荐并介绍业务知识丰富的其他理货员为顾客解答。千万不要说"不知道"，然后就不管了。

（8）理货员在服务工作中常会遇到以下一些情况，需要特别注意，以便提供帮助或安抚顾客：

1）"便溺的小孩"。遇到顾客所带的小孩便溺弄脏地面或购物车时，理货员要一边安慰顾客，一边通知清洁员过来清除污迹，千万不要埋怨顾客或讲不礼貌的话。

2）"选了较多商品，拿着有困难的顾客"。有的顾客原想在超市买很少的东西，于是进门时既不推购物车也不拿购物筐。可进了卖场看到很多感兴趣的商品，挑了这个又选那个，结果手里就拿不下了，如果这时理货员能适时地为顾客递上一个购物筐，顾客会非常满意。

3)"老弱病残孕顾客"。如遇抱小孩的妇女、年迈的老人、残疾人等,理货员要热情招呼,解答他们的问题要更加耐心,说话语速要慢,可视情况给予一些特殊照顾。例如,帮他们将商品送到收银台并请收银员给予关照。

模块三　岗位纪律

为了履行理货员的职责,不辱使命,理货员要严守以下岗位纪律:

1. 工作纪律

(1) 因工作穿过卖场时,要快速行走,不东张西望,不在卖场中转悠。

(2) 在卖场站立时注意自己的站姿,应该两脚分开同肩宽,保持身体直立,两手相握拢于腹前。

(3) 任何时候不使自己的身体斜靠在货架或其他设备上。

(4) 不在卖场、仓库等工作区域吃东西、嚼口香糖。

(5) 不与同事在工作场所打闹、嬉戏。

(6) 不要在卖场扎堆聊天。理货员在卖场工作不忙的时候,注意不要和其他员工扎堆聊天。如果需要商量工作以外的一些事情,可以到员工休息室,利用工间休息时间商量。

(7) 工作餐时间不允许喝酒。理货员在超市劳动量一般比较大,有些理货员想利用工作餐时间喝酒解乏,这在所有的超市都是不允许的,因为理货员会在工作中和很多顾客打交道,要和顾客交流,酒味会让顾客感到厌烦,也会因此影响超市的形象。

2. 考勤纪律

(1) 理货员上下班时需要刷卡或进行考勤登记,以作为理货员工作考勤的依据。

(2) 按要求准时参加工作例会。理货员的工作时间大概是在早7:30～晚10:30,工作排班是两班制,下午的2:00～3:00是两班理货员交接班的时间,组长或主管通常都会在这个时间安排工作例会,这时候早晚班的理货员都在班上,组长或主管会布置超市的中心任务、传达商品促销信息和工作要求。早晚班的理货员也要在会上进行工作交接,以保证商品流转顺利进行。这个会非常重要,理货员一定要仔细听、认真记。

(3) 上班时间理货员不能做与工作无关的事情,一般情况下不要打私人电话,更不得约见亲朋好友。

3. 保守商业秘密

理货员在工作中,会接触到超市的一些商业信息,如店铺的营业额、毛利率、商品的进价、来客数、客单价等,这些都属于商业秘密的范畴,这些信息很重要,竞争对手和供应商都希望能了解,理货员不要随意向外透露。

4. 职业道德纪律

(1) 遵守店铺内部员工购物管理规定。理货员上班时是超市的员工,下班后是超市的顾客,也可以在超市购物。但需要注意的是,首先不要利用上班的时间购物;其次根据超市的规定,要在指定的收银台结账(一些超市会规定员工的专用收银台);最后,不要把从超市购买的商品再带回卖场或仓库,避免引起误会。

(2) 因公或因私都不要私自取用超市的商品。

 小结

通过以上描述,我们可以明显地感觉到,理货员队伍是超市店铺经营的主力军,超市的经营理念和计划最终都要通过理货员的作业,通过向顾客提供满意的商品和服务体现出来。理货员任务艰巨、责任重大。要履行好理货员的职责首先要严格遵守岗位

纪律，其次要增强业务技能、真诚地为顾客服务，最后还要有任劳任怨、不怕吃苦的精神。相信只要努力就一定会有收获，只要付出就一定能享受到工作的快乐。

模块四 常用设备及工具

1. 常用的设备

（1）一般货架。一般货架是用来陈列一般商品的设备，有木制的，也有金属的。便利店、便利超市一般使用 1.5 米高的货架，综合超市靠墙的货架一般为 1.8 米，大卖场中的货架可达到 2 米以上。

（2）端架。端架也叫端头，指一组货架两端的位置，由于端架的视线较好，是最容易吸引人的地方，所以一般用来展示新推出的商品和大量的促销特卖品，如图 2—3 所示。

图 2—3 端架

（3）平台。平台是由栈板或木箱搭建而成的，也可以在栈板上直接用包装箱组装而成，还可以用整箱的商品割箱后落成，总之平台是用来陈列大量商品的,如整箱的饮料、瓶装商品及可以整齐平放的商品,如图 2—4 所示。

图 2—4 平台
a)用整箱商品搭建平台 b)利用栈板和木箱搭建平台

(4)物流笼。物流笼是由网状的框架组成的,主要用来陈列大量不易在货架上陈列的商品,如膨化食品、靠枕等,也可用来陈列促销特卖商品,如图 2—5 所示。

图 2—5 物流笼

(5)斜口笼。斜口笼适用于货架中,带斜口的铁制品,形状像开口的笼子,可逐个向上垒,如图2—6所示。

图2—6 斜口笼

(6)折叠笼。适于放在促销区,尺寸为100厘米×80厘米或100厘米×100厘米,一般为铁制的笼子,可折叠,如图2—7所示。

图2—7 折叠笼

(7)网筐。网筐适于放在货架中,带口的网状铁制品,像斜开口的筐子,用于装小菜、方便面等不规则商品。

(8)促销桶。促销桶适于放在促销区,尺寸为100厘米×80厘米或100厘米×100厘米,一般为木制的桶,如图2—8所示。

图2—8 促销桶

(9) 顶仓。顶仓指卖场货架的顶部,用来存放整箱或散箱商品,因为当做仓库来使用,所以叫顶仓。

(10) 量陈。量陈也叫堆头,即在卖场通道或其他非货架处大量集中陈列的物品,一般用栈板、物流笼或整箱商品打底堆积而成,如图2—9所示。

(11) 花车。花车是放在卖场通道或促销区,用来陈列促销小商品的一种金属装置,四周有小围栏,如图2—10所示。

图2—9 量陈

图2—10 花车

2. 常用的工具

(1) 托盘搬运车。托盘搬运车俗称地牛,是超市里非常重要的一种搬运工具,它的特点是可以直接插入栈板,将大量整箱商品较灵活地推到陈列地点,它是做量陈的最好工具。一般和栈板配套使用,最多可以搬运 2000 千克,如图 2—11 所示。

图 2—11　托盘搬运车

(2) 手推车。手推车用于搬运小批量的商品,它的特点是体积小,最多承重 300 千克,主要用来搬运上货架的商品,如图 2—12 所示。

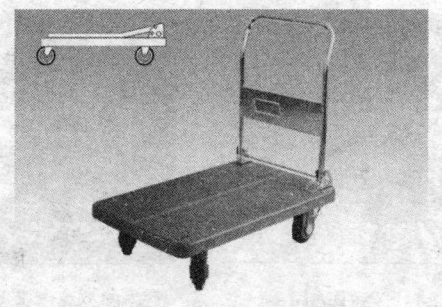

图 2—12　手推车

(3) 购物车。购物车是顾客在卖场里推着装所选商品的工具车,应根据卖场的大小来配置不同规格的购物车。有些超市的理货员也用它在营业中上货和补货。

(4) 货梯。货梯是上货和取货用的梯子。

(5) 栈板。栈板也叫拍子,一般为正方形或长方形,是木制的,也有塑料制的,商品在库房储存时,经常用它隔在商品和地板之间,避免商品受潮。拉货时可以和手动叉车配套使用以运输商品,如图 2—13 所示。

图 2—13

(6) 颈挂钩。颈挂钩是用来陈列服饰商品，有弯形陈列杆的陈列道具，如图 2—14 所示。

(7) 双挂钩。双挂钩是用来陈列文化用品或袜子的道具，其上方可放价签，下方可吊挂商品，如图 2—15 所示。

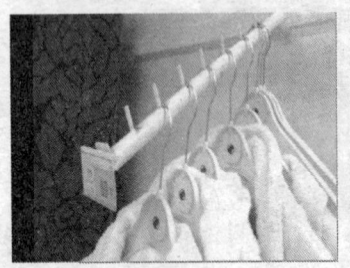 

图 2—14　颈挂钩　　　　图 2—15　双挂钩

(8) 单挂钩。单挂钩是用来陈列吊挂商品用的道具，无法放置价签。

(9) 臂架。臂架是用来陈列衣服用的架子。

(10) POP 套。POP 套是放置促销商品 POP 纸的封套，上方有促销类别字样。

(11) 价签条。价签条是用以在层板前放置价签的条状塑料制品。

(12) 小刀。小刀也叫美工刀，在补货时，用它来拆纸箱，或者在做割箱陈列时，用它将纸箱割成预定的形状后陈列商品。

(13) POP架。POP架是用于悬挂POP的铁制架杆,形状有T形、L形等,如图2—16所示。

此外,还有货架层板支架、剪刀等小工具在此不做详述。

注意:常用的设备和工具在使用时要坚持安全第一,经常检查,注意保护。发现设备损坏应及时报修,不要等造成事故时,才去处理。常用的工具要存放在固定地点,方便取用,并且要注意爱护,工具车等还要及时保养。

图2—16 POP架

模块五 常用商品知识

理货员主要是和商品打交道,因此就要了解商品,研究商品,不断积累有关商品的知识,其中最简要、最基础的知识包括以下内容:

1. 超市商品的分类

超市商品的数量是很庞大的。在超市一般用"单品"统计商品的数量。所谓"单品",也就是最小的商品单位。比如可口可乐,355毫升听装的算是一个单品,1.25升瓶装是另外一个单品,而同样是听装355毫升的健怡可乐又是另外一个单品。所以,如果按单品来统计,一般大卖场的单品数量在15 000品以上;小的超市,如便利店,单品数量也会在1 000品以上,面对如此多的商品数量,必须分类才能识别和管理。

超市商品的分类一般采取三级分类的方法,即大分类、中分类、小分类。

(1) 大分类。大分类是超市商品最粗线条的归类,一般是按照商品的特征进行划分。例如,饮料、酒、烟、调味品、洗衣用品、烹饪类、箱包类、电器配件类等都属于大分类。

(2) 中分类。中分类是在大分类基础上进行细分的商品类别,它可以根据产地划分,如烟可以分为进口烟、国产烟;也可以按照制造方法划分,如餐具可以划分为密胺类、玻璃类、陶类、瓷类等;还可以根据功能和用途划分,如调味品可分为烹调油、调味油、烹调酒、盐、调味料、调味酱等。

(3) 小分类。小分类是商品分类层次中最低的一级,一般根据商品的不同特点进行划分。例如:

1) 根据包装,进口烟可分为进口硬包装烟和进口软包装烟。

2) 根据口味,袋装方便面可分为牛肉、排骨、海鲜等。

3) 根据功能用途,洗发和护发用品分为洗发水、护发素、定发剂、染发剂等。

4) 根据原料成分,果汁可分为橙汁、苹果汁、桃汁、梨汁等。

表 2—1 是一个分类表的实例。

表 2—1　　　　　　　　分类表实例

大分类	中分类	小分类
饮料类	碳酸饮料	可乐
		汽水
		加味汽水
	果汁	含纤维果汁
		橙汁
		苹果汁
		葡萄味果汁
		其他果汁
		浓缩果汁
	机能饮料	机能饮料咖啡
		运动饮料
		健康饮料

续表

大分类	中分类	小分类
饮料类	茶饮料	原味茶
		加味茶
		奶茶
		凉茶
	水	纯净水
		矿泉水
		碳酸水

通过分类，超市就可以实现对商品分门别类进行采购、配送、销售、库存管理、核算的目的，从而提高管理效率和经济效益。

2. 商品的条码和单品号

超市的商品不但数量多，而且名称杂，同种商品在不同地区或超市可能有不同的名称，超市的工作人员来自四面八方，很难清楚地辨认和识别五花八门的单品；那么商品在不同的流通环节、不同的超市、不同的地域、甚至不同的国家进行流转，如何去保证这个商品的可识别性呢？这就需要借助商品的条码和单品号。

（1）商品条码。商品条码也叫国际条码，是商品在国际范围内流通的"身份证"，它是将表示商品信息的数字代码转换成由一组规则排列的平行线条构成的特殊符号，由"条""空"及对应数字字符的"码"组成，表示一定信息的商品标识，如图2—17所示。其中"条"和"空"代表的信息意义和"数字字符码"代表的信息意义相同，前者可由扫描仪识别，后者可由人工识别。

图 2—17　商品条码

商品条码有两大类，EAN 条码和 UPC 条码，我国目前所用的大部分是 EAN 条码。EAN 条码的标准版有 13 位数字，而缩短版只有 8 位数字。在标准版中，13 位数字分别代表"国家或地区代码""制造厂商代码""商品代码""校验码"，如图2—18所示。

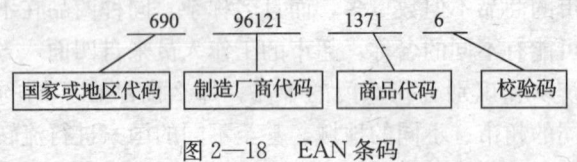

图 2—18　EAN 条码

"国家或地区代码"由国际物品编码协会统一管理和分配。例如，中国的代码为 690、691、692，美国和加拿大为 00 - 13，日本为 45、49，中国香港为 489，中国台湾为 471 等。而制造厂商代码则由各国家或地区自行分配。

商品编码具有唯一性原则，也就是说每个单品都具有自己的条码，一个条码只代表一个单品。不同种类、不同规格尺寸、不同包装、不同颜色、不同口味的商品都视为不同的单品，必须编制不同的商品代码，以保证商品编码的唯一性。

在每种商品进入超市之前，都会给每个单品建立相应的档案，内容会包括商品条码、商品名称、产地、规格、型号、式样、颜色、口味、进价、建议售价等信息，这些商品信息储存在超市的数据信息系统中，在商品进入店铺收货系统或从收银台销售出去的时候，都利用商品的条码进行扫描识别。同时，在店铺内部，对商品进行价格更改、库存调整等其他操作时，也会根据条码来对商品进行识别，然后进行操作。这样，商品就通过条码实现了超市内外部的通行。

（2）店内码。除国际条码外，某些商品还有"店内码"。比如，超市会有一些自制的商品，这些商品是由超市自行包装，然后销售（如熟食）。超市不能为这些商品申请国际条形码。为了实现对这些商品的管理，超市会为这些商品制作自己的条码，称为"店内码"。该码只限于在超市内部管理和使用，可以在收银线扫描结账，出了超市此码不存在任何意义。

（3）单品号。除了条码外，超市的商品还有单品号（也叫货号）。单品号是商品在超市内部流通时作为辨识的代码，单品号对于超市系统以外的环节（如制造商、代理商、批发商、顾客）来说没有任何意义，只是超市自己为了管理方便而自行编制的号码。

单品号一般由6位数字组成，与分类号组合，也就是说给每个大分类、中分类、小分类一个代码，由三位分类号和三位商品代号组合在一起形成单品号，如图2—19所示。

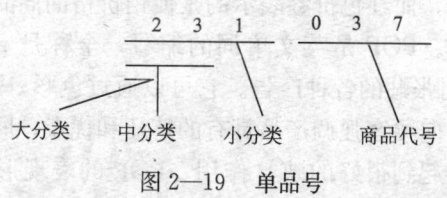

图2—19 单品号

通过单品号，可以知道该单品属于哪个类别。在做销售分析的时候，可以按照分类很方便地了解销售情况。

3. 商品的价格标识

超市商品的价格标识是顾客识别、挑选商品的重要依据,有了正确的价格标识,顾客才能自行选购,实现商品的最终销售。

(1) 价格标签。价格标签简称为价签。顾客可以通过价签了解商品的销售价格,这是价签上最重要的内容。除此之外,价签还包括了以下内容:

1) 品名,即商品的具体名称。

2) 国际条形码,这个条码和商品自身包装上的条码是一一对应的,只是价签上的条码只有数字代号,而没有"条"和"空"的组合。

3) 销售单位,注明以袋、盒、瓶还是以包、捆、箱等为标准单位销售。

4) 产地。

5) 等级。

6) 规格,注明商品的容量、轻重、性能等质量标准。

7) 如果是促销商品,要注明原价、现价及促销的截止日期。

在超市,有的商品是正常价格商品,有的商品是促销商品(属于临时变价),为了将促销商品的信息明确地传达给消费者,超市通常会以不同的颜色进行区分。比如,黄色价签代表的是正常价格的商品,而红色价签表示的是促销价格的商品。

(2) POP。POP 是英文单词的缩写,全称是 point of purchase,即店内张贴的各种广告。它可以通过色彩、造型、文字、图案等手段,向顾客强调产品具有的特征和优点,同时又能突显商品的特质,起到很好的映衬作用。POP 的表现形式很多,主要分为以下几种:

1) 店头 POP,即在超市及超市门口陈列的广告。例如,看板、站式广告牌(见图 2—20)、高空气球、橱窗展示、广告伞等。

2) 垂吊POP，在超市端架的位置一般都会用到垂吊POP，其内容包括了产品基本信息、价格信息及促销价格期限等，如图2—21。

图2—20 站式广告牌

图2—21 垂吊POP

3) 陈列架POP，即附在正常陈列货架上的小型POP，如展示卡、刀牌（见图2—22）、小吊签等。

图2—22 刀牌

4. 商品包装信息

商品包装除了对商品起到保护作用之外，还按国家相关规定印有很多商品信息，用文字或图形对产品进行说明，主要包括以下内容：

(1) 国际条形码。这部分内容在前面已经讲到，此处从略。

(2) 商标。它是商品专用的特定标记，是受到法律保护的。如果商标已经申请注册，就会在其后附一个"R"（register）或"注"，还有一种是正在申请商标保护，但是还没有正式批准的，就标注"TM"（trade market）。

(3) 保质期。这个信息在包装中是一个很重要的内容，有多种表示方法。

1) "保质期。××××年××月××日"。指在此日期内使用，效果最佳，超过期限，可能效果会有欠缺，超过保质期，不一定就变质了，可以再使用。

2) 也可标注为"建议您在××××年××月××日之前使用/饮用/食用"。

(4) "保存期。××××年××月××日"。注意这和保质期有区别，是指商品保留的最终期限，超过保存期，商品就会完全变质，不能再使用。

(5) 生产日期或批号。每种商品在生产线完成制作以后，厂家都要为其标注"生产日期"或"批号"（生产日期＋流水号），同时以数字的格式在包装上标注出来，标注的形式是喷墨或用钢印机打印。由于厂家商品的包装是在制造产品之前批量生产的，其他信息都是提前印制好了的，而"生产日期"或"批号"是在产品下线包装后喷墨或打印上去的，所以这两个信息包装上没有固定的位置，可能会在瓶盖、封口、包装底部、侧面等，根据包装上的信息进行查找。

(6) 储存条件。储存条件在商品的包装信息中也是一个重要的项目，尤其食品类商品更是如此。比如，冷藏类商品（如鲜奶、酸奶等），储存条件是 0～4 摄氏度；冷冻类商品（如冰激凌、冷冻水饺等），储存条件是 －22～－18 摄氏度，大部分商品是常温储存。

除以上信息之外，还有容量、规格、产地、成分、使用方法等一些很详细的说明,在这里不一一详述。

小结

以上介绍的内容是理货员必须掌握和了解的,但这还远远不够。理货员还特别要学习、掌握自己主管商品的品牌、性能、特点、使用方法等知识。市场上的新商品层出不穷,顾客的消费需求千变万化,商品的管理不断更新,因此理货员的学习也永远没有止境。

第三讲　后场操作

理货员的工作内容是围绕商品展开的,大体可以划分为两部分,即卖场操作和后场操作。订货、验收、入库主要是在店铺后场完成的,属于后场操作的工作内容;而上货、补货、理货、促销、清洁主要是在卖场完成的,属于卖场操作的工作内容。

后场操作是理货员的重点工作内容,后场工作做不好,卖场工作就无法正常进行。

模块一　商品订货

订货是店铺在超市确定的厂商及商品范围之内依商品销售的需要而进行的叫货活动。叫货的形式是由店铺向供应商或配送中心发送订货单,订货单上包括订货的单品号、商品名称、商品规格、国际条码、需要订货的数量(箱数或包装数)、要求到货的日期等内容。有些超市还会注明进货的价格。在订单制作完毕以后,超市将以传真或电子邮件的形式向供应商或配送中心发送订单,并跟催他们,以保证货物按时、按量送到店铺。

订货是店铺商品流转的首要环节,也是最关键的环节。它能确保超市的各类商品有合理的库存。如果商品库存少了,会导致缺货,影响销售;如果商品库存过多,又会导致"爆仓",占压超市的流动资金,因此订货对超市商品流转进程影响极大。这项工作基本由组长或主管负责操作,理货员则需要辅助组长或主管订好自己所管的货。

1. 订货要考虑的因素

有很多因素会影响订货的质量，从而影响店铺的正常商品周转，所以在订货的时候要考虑到以下各方面的因素：

(1) 商品的库存量和平均日销量。这两个因素是在订货中首先要考虑到的，因为它们决定了以下内容：

1) "是否需要订货"。如果平均日销量大且库存不多，就需要订货，否则就不订。

2) "订货量是多少"。应保证订货量加库存量能满足到下次订货日前的销售量。

(2) 是否是促销商品。因为促销商品会刺激商品的销售量，因此如果是促销商品则要相应地加大商品订货量。

(3) 是否是应季商品。有些商品的季节性很强。比如白酒，冬季会销售得很快，而饮料在夏季是销售的旺季。如果是应季商品，要增加订货量，相反，要减少，甚至不订货。

(4) 是否临近传统节日。我国历史悠久，民族传统节日较多，不同的节日有不同的商品需求。例如，正月十五吃元宵，八月十五吃月饼，超市在这之前就要相应地做好相关商品订货的准备。另外，还有一些传统的节气，如冬至，北方居民的风俗是吃饺子，那么在冬至前，就要加大饺子及家庭自制饺子所需商品的订货量。

(5) 供应商的性质。在供应商中，有的是本地供应商，有些是外地供应商；如果是外地供应商，由于距离较远，送货的时间会比较长，因此在订货时需要考虑到供应商的送货行程。

(6) 黄金假期囤货。在我国，"春节""十一"等节日要放长假，不仅商品的需求量会增加，而且由于在这个时间，供应商也都休假，所以在黄金假期之前，要做好囤货计划，即订好充足的货量，以满足节日里顾客的需求。

2. 订单的种类

订单的种类依据所订商品的特点可以分为以下几种类型：

(1) 正常商品订单。正常商品订单是指那些非促销商品形成的订单，这类订单的特点是订货量比较平稳，订货量不大，时间的要求上不是很紧急。

（2）促销商品订单。促销商品订单是针对那些海报促销、店内促销等各种形式的促销商品而形成的订单，这类订单的特点是订货量比较大，时间的要求比较严格，是在订货中重点关注的商品。这类订单订货量的准确性要求比较高。因为是促销商品，有的商品需要进行端架或堆头等特殊陈列，所以对量的要求也比较高。

（3）紧急订单。在订货业务中，为了保证供应商送货的平稳性，一般供应商送货日期是固定的，有的是每周一、周三、周五送货，有的是每周二、周四、周六送货，也有的是一周送一次货或者是每两周才送一次货。由于送货日期是固定的，导致有时不能满足紧急需要。应针对团购业务和促销期间出现的缺货情况制作紧急订单，保证店铺商品的供应。

除了以上订单类型之外，根据订单的具体情况，还可以将订单划分为生鲜订单、日配订单、转出转入订单（不同店铺之间的调货之用）等几种类型。

3. 理货员在订货中的作用

由于工作经验的原因以及其他因素的影响，理货员一般不会直接进行订货操作，但在订货的整个业务过程中，理货员要起到建议、追踪和反馈的作用。

（1）理货员在订货中的建议作用。在店铺中，最频繁接触商品的就是理货员，因此理货员对自己负责的商品有着更直观和直接的认识，包括商品在库房的位置、在货架上的位置、商品的销售周转情况等。组长或主管作为部门订货的直接操作者，他们更多地是从数据分析的角度来决定是否订货以及订货的量，有时会缺乏客观性。例如，某种饮料的销售情况很好，一天平均卖10箱，组长在订货时通过计算机系统发现还有库存20箱，于是决定先不订货。但是理货员知道，这个饮料目前并没有这么多的库存（由于丢失、破损等原因都会造成库存不真实），所以理货员从实际的角度考虑,认为应该订货,这时候理货员就应向组长或主管提出订货的建议。

理货员在熟悉、了解商品的基础上,应该每天向主管提出一些重点商品(销售得很好的商品)订货建议,以使部门的订货更加准确,符合部门的需要,保证商品不脱销。

(2)理货员对供应商送货情况进行追踪和反馈。订单由店铺发送到供应商以后,供应商可能并不能完全按照订单上的商品数量按时送货,其原因如下:

1)某些紧俏商品缺货或已无货。

2)供应商没有收到订单(传真或电子文件出现问题)。

3)供应商由于耽误了行程,不能按时将货物送到。

4)供应商出于对送货效率的考虑,要求店铺的订货量要达到其内定的"最低起订量",不达到这个数量,供应商不给送货。

5)由于超市与供应商之间在购销合同方面的某个问题尚未达成一致,供应商不给送货。

发现供应商没能按时或按量送货的情况,理货员要及时向送货人当面询问或是与供应商通电话进行询问,了解原因。在查清事实的真相后,及时将到货情况及供应商未送货的原因反馈给组长或主管,请求上级采取相应的补救措施。

在追踪促销商品订单到货情况时,理货员应快速反馈,因为促销商品往往价格相对较低、顾客需求量大,如果出现供应商没有送货的情况,又未能采取相应的补救措施,不仅影响店铺的销售,更影响店铺在顾客中的信誉。

模块二　商品验收

商品验收是超市根据国家进货的相关标准和自己的要求对厂家或配送中心所送货物进行检查验收的业务活动。商品验收是商品实物从供应商那里流入超市的关口,把住这个关口才能保证顾客买到的商品一定是安全的、新鲜的,才能保证库存商品准确无误、卖场商品规格齐全、质量上乘。

在多数超市店铺,商品验收是由理货员配合收货部门共同完成的(便利店如没有专门的收货人员,商品验收则由组长带领理货员共同完成)。收货部门人员侧重对到货数量的真实性负责,主要核对商品的数量是否与订单、发货单相符,同时也会对商品的质量、商品的保质期进行抽检。而理货员侧重对商品的质量负责,因为他们对自己所管的商品具有更加专业的知识,同时也不能忽视检核商品的数量。

1. 验收原则与规定

(1) 验收原则

1)"票票相符",即供应商(或配送中心)的发货单和店铺的订货单上所有内容(货号、品名、数量、规格、价格、单位、产地、入数[①]等)都要相符。

2)"票物相符",即供应商(或配送中心)所送的商品实物和店铺的订货单上所列内容都要相符。

3)"两人以上人员同时验货",最好是供应商、收货人员和理货员三人同时验货,如果条件有限,店铺也可规定双人验货。但绝不允许一人单独验货,以免造成不应有的损失。

(2) 验收规定

1)供应商必须在订单的有效期内送货。

2)商品质量必须符合国家相关部门要求的质检标准;如按规定对酱油、食醋、大米、小麦粉、食用植物油5类食品检查食品市场准入标识"QS"。

注意:所谓"QS"是"质量安全"的英文名称"quality safety"的缩写,是食品质量安全市场准入的标志,如图3—1所示。

---

① 入数即原包装内的单品数量。

图 3—1 质量安全标志

3) 商品送货的运输车辆必须符合商品运输的温度要求（如有些奶制品、速冻食品需要冷藏或冷冻），且干净整洁。

4) 商品运输的器皿、用具必须符合卫生的要求。

5) 商品外包装箱完好，内包装完好，条码有效、保质期标识清楚。

2. 验收操作流程

供应商或配送中心根据店铺的订单进行货物配送，并会出具发货单随货同行，店铺的收货部门核对发货单和订货单，对货物数量进行验收，并向送货人出具验收单，这就完成了一次商品的验收。商品验收流程如图 3—2 所示。

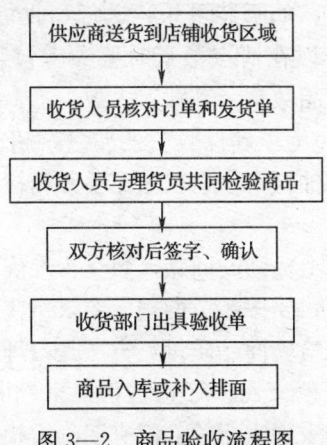

图 3—2 商品验收流程图

(1) 送货到收货区。超市店铺都会有专门的收货区域,所有商品验收都必须在收货区完成,供应商(或配送中心)首先要将货送到收货区卸货,等待验收。

(2) 核对订单和发货单。这项工作主要由收货部门人员完成(从略)。

(3) 检验商品。首先要检查供应商送货车辆及器具是否符合验收规定,商品整体外包装是否良好。如发现问题要请收货部门协助处理。而后收货部门人员侧重对商品数量进行核对,理货员侧重对商品质量和保质期进行核对,双方要互相配合,确保没有差错。

1) 检查保质期。检查商品外包装(纸箱),看生产日期、保质期是否符合收货标准;如果收货当日距生产日期的时间超过了保质期的1/3(如保质期是12个月,而收货当日距生产日期超过4个月),就应该拒绝收货。

2) 核对规格、等级。同一系列的商品常有很多的规格、不同的等级。它们有的颜色、口味相近,有的形状相似,验收时一定要仔细核对,以免混淆。

3) 清点数量。由于供应商送货和店铺订货一般都是按商品的最小包装来计算,如听装可乐,送货和收货都按"听"计算,不按箱来计算,所以在清点数量时要参考包装箱上标注的"入数"来核对,即商品数量=箱数×入数。

4) 开箱抽检。为了确保收货的质量,超市店铺都对不同的商品规定了不同的抽检率,也就是需要开箱检查的比率,开箱检查包括以下内容:

①检查包装箱上标注的商品入数是否准确,是否满箱;如发现原箱有短少现象,要按超市的规定要求供应商补偿。

②按质量标准检验商品质量,方法是由理货员主要通过商品的标识、外观、颜色、气味等感官手段来判断商品品质是否优良。特别要重视查看国家相关部门有明确质检要求的商品标识或

证明，如检疫证明、市场准入标识等。

③查看颜色、规格等是否与订单要求一致。

④查看商品的生产日期是否和包装箱上标注的一致。

⑤看商品有无破损。

注意：贵重、敏感商品（如化妆品、红酒、巧克力等）需要进行100％的开箱检查。

（4）核对后签字确认。商品验收完毕后，送货方和收货方共同核对无误，双方在送货单和订货单上分别签名确认（其中收货方应由收货人员和理货员共同签名）。

（5）出具验收单。收货部门出具验收单交送货方作为结算商品货款的依据。

（6）商品入库或补入排面。理货员将验收的商品拉出收货区送入库房或补入商品陈列排面。

模块三 处理常见问题

在商品验收过程中，经常会出现一些实际问题，需要理货员分析和处理，例如：

1. 供应商送来的商品数量与订单的数量不符

（1）供应商送货数量超过订单数量。原则上，店铺收货部门会拒绝接收多于订单数量的商品，按订货单上的数量接收；如果业务主管有交代，或是因为某种原因加订了数量，那么货到以后理货员要及时找主管，追加订单，使订单的数量和验收单的数量相符。

（2）供应商送货数量不足。首先在订单和验收单上注明实际到货数量，然后询问送货人员或给供应商打电话问清没有按要求数量送货的原因，最后要将供应商到货情况及原因反馈给部门主管，使部门主管采取相应的补救措施。

2. 合格商品中混杂着不合格的商品

（1）商品破损。有的易损商品在运输过程中可能受损，有的液体商品在装卸过程中可能溢漏。为了避免此类问题的发生，理货员要认真检查商品的外包装，发现纸箱破损的或有渗透污迹的一定要开箱查看，及时将不合格的商品挑出来。

（2）商品临近保质期。有时会出现这种情况，成批的商品中有一箱或几箱商品保质期已超过1/3，甚至在同一箱商品中有生产日期不一样的商品。为了不让这些商品蒙混过关，理货员在工作中一定要注意抽检那些压在底下、中间、后面的箱子，而不要图省事只查放在表层的箱子。在开箱检查商品保质期时，理货员要掏出压在下层和边角的单品检查，不要只看表层的商品标识。

3. 同一系列不同规格商品混淆

超市很多同一系列不同规格的商品非常相像，不熟悉时，很难辨认。比如，雀巢冰爽茶有柠檬、冰极、蜜橘等口味，规格一样，包装也很相似，在核对商品时，理货员要特别注意外包装箱标注的口味是否和订单上的要求一致，或者核对订单上的商品条码和商品的条码是否一致才能避免差错。

4. 供应商送来了订单上没有的商品

出现这种情况，理货员首先要向部门主管反馈，看是否是由于事情紧急，部门主管以电话的形式向供应商要求送货。如果是，就需要由主管补下订单后，再办理收货手续；如果不是，则拒绝收货。

5. 供应商同车送来免费赠品

供应商的免费赠品是为了促销用的，一般与商品进行捆绑销售，免费赠给消费者。有的供应商在送货的时候就已经将赠品与商品捆绑好，有的供应商将赠品单独放置。如果是后一种情形，那就先将免费赠品实收进来（只要签名登记就可以，不需要另外办理其他收货手续）。

6. 收货出现明显差错

收货出现数量（或质量）明显差错，很可能是由于未将已收货与未收货的商品明显分开造成的。由于到货数量很多，工作忙碌，收货部门人员、理货员及供应商一同查看商品时，很可能将已检验的商品和未检验的商品混在一起。为了避免这种情况的发生，最好是划分出已收货区和未收货区。如果条件有限，可在地上划一条明显的界线以示区别，凡检验过的商品一律拉入收货区（线）内，供应商不得跨入收货区（线），用这种方法可有效地防止此类事情的发生。

7. 忘记退货

常常有这样的情况出现：供应商送货来了，理货员和收货人员都忙着验货，等供应商走后才突然想起有退货忘记移交给供应商，再想办退货手续为时已晚。为避免此类情况的发生，超市要坚持先退货后验货的制度，货到以后首先检查有无退货需要与供应商办理，如果有就先办退货手续，而后再办验货手续。

模块四　库房商品整理

商品经过收货部门和业务部门的共同验收后，很大部分将进入库房，以备周转之用。当卖场需要补货时，理货员要到库房快速、准确地提货，所以要保证库房整洁、有序，才能使商品处于一个正常的周转状态，一个凌乱、缺乏整理的库房，无法保证店铺的正常营运。

1. 库房分类

超市的库房按照储存条件可以分为三类，即常温库房、冷藏库房和冷冻库房。

（1）常温库房。这类库房没有特殊的调控温度的设备，用来储存普通的常温商品，如常温饮料、米面粮油、清洁用品、洗浴用品、百货商品、纺织类商品等。这类库房在超市中所占面积是最大的。

(2) 冷藏库房。冷藏库房是配备了制冷设备的库房，在库区所占面积比较小，用于储存需要冷藏的食品，如蔬菜水果、鲜奶、酸奶、豆制品、低温肠、鲜肉等商品。冷藏库房的温度需要常年保持在 0~4 摄氏度。

(3) 冷冻库房。冷冻库房是配备了功率强大的制冷设备的库房，主要用于储存面点、禽肉、海产品等需要在低温下进行储存的半成品。冷冻库房的温度要求常年保持在 －22～－18 摄氏度。

除了以上三种分类方法之外，有的超市会开辟一些"精品库房"，它也是常温库房的一种。主要储存一些贵重、易丢失的商品，如烟酒、巧克力、奶粉、化妆品、小家电等，这些库房商品需要重点看管，平时上锁，并有专人负责，防损部门也应重点参与管理。

2. 库房分区

库房分区的目的是利于管理，使商品存放井井有条，避免因存放不妥带来无谓的损耗。方法有两种：

(1) 部门分区。超市的库房首先会按部门进行划分，如有杂货库房、百货库房、生鲜库房等。各部门的库房还会细分到各个组（课），如杂货库房会划分烟酒饮料库、米面粮油库等；百货库房会划分为日用百货库、清洁用品库等。库房按部门划分的好处是保证同类商品分开码放，同时方便各部门快速、准确地存放商品。每个课（组）库房的大小都不一样，主要考虑这个部门商品品项的多少以及商品的周转量等情况。

(2) 功能分区。每个库房，按照功能都可以分为三个部分。

1)"正常商品存放区"是用来储存供卖场正常出售商品的地方，区域最大。

2)"赠品区"是专门用来储存赠品的地方。这些赠品一般不能作为商品买卖。

3)"退货报损区",包括退货和报损两个区域。

①所谓退货区就是存放准备退货商品的区域,在超市周转中,有的商品包装破损变形、有的商品临近保质期,有的商品量大滞销,依据超市与供应商的协议可以退货。理货员把这些商品集中整理出来存放在这个区域。

②报损区就是存放准备报损商品的区域,商品在超市周转中出现了破损、变形或其他情况,不能再销售,而且也不能向供应商退货,理货员准备向上级申请报损的商品存放在这个区域。

以上区域都要悬挂和张贴明显的标识,如图3—3所示。

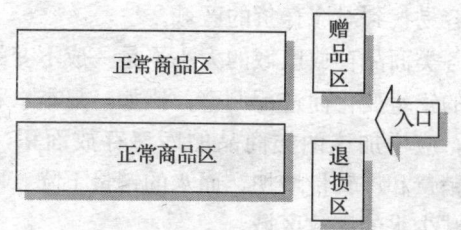

图3—3 退货和报损区域

这种分区,使正常商品和非正常商品、赠品分开管理,使后续的补货、盘点、办理退货、进行报损等工作都更方便。

为了更好地管理商品,除了将库房划分为以上区域之外,有的超市还会专门开辟促销商品区,这主要是因为促销商品的周转量比较大,这样做有利于经常进货、拉货、补货,使商品流转的工作更加简便、快捷。

(3)商品分类别存放。在仓库分区的基础上,超市每个部门(或小组)要将自己所管的商品按分类有序存放,原则就是根据本部门每个类别商品的销售周转情况划定不同类别的商品区域。以饮料课(组)为例,商品分类存放示意图如图3—4所示。

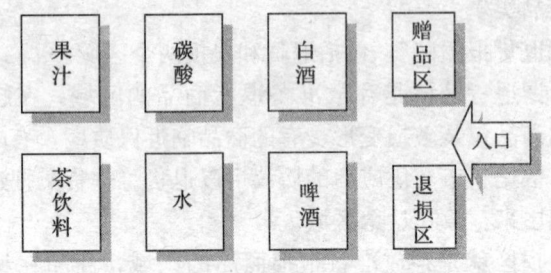

图 3—4　商品分类存放示意图

正常商品的存放区都有明显标志，从库房的通道可以看到每组库房货架上存放的是哪些类别的商品。这些标志可悬挂在库房货架旁边，也可张贴在库房货架的一侧，保证理货员能清晰地分辨出来，很容易找到对应存货的区域。

图中的各类商品存放区域的大小不是一成不变的，而会根据商品季节性的销量变化而进行调整。比如，夏季水和果汁的销量大、周转快，应增加这两类商品的库房存放面积，而相反到冬季，白酒的销量和周转量增加，而水的销量下降，应调大白酒的存放区域，减少水的存放区域。

3．商品整理方法

我们这里重点讲常温库房商品整理的方法。

（1）商品按小分类整理码放。库房划分出具体区域，商品按小分类整理码放。例如，在酒的区域，啤酒集中在一起，白酒集中在一起，红酒集中在一起。

（2）一个单品一个位置。不同的单品分开码放，不堆在一起。这会为取货和以后的盘点工作带来便利。

（3）贯彻"先进先出"的原则。"先进先出"就是让先入库的商品先出库，目的是让生产日期靠前的商品先销售出去，这是库房商品整理的首要原则。对于不同生产日期的同一单品，最好是分开码放，或将生产日期在前的商品放在上端，将生产日期在后的商品放在下端。以保证提货时将日期靠前的商品先提走。

(4) 整理退货区和报损区。报损区的商品每天定时进行清理。

退货区的商品如果是破漏的流体商品,如饮料、洗发水等,可以将内容物及时倒掉,将空包装放到退货区,等待统一处理。但注意不要将商品包装上的标签撕掉,防止在做退货处理时无法辨识商品。

(5) 大量商品搭码码放。码放大批量商品的时候应注意安全,要求箱子搭码摆放(压茬码放),保证稳定性。如图3—5所示,栈板上的商品有规律地纵横交错地垒起来,这就实现了"搭码",使货物稳定,不会垮塌。

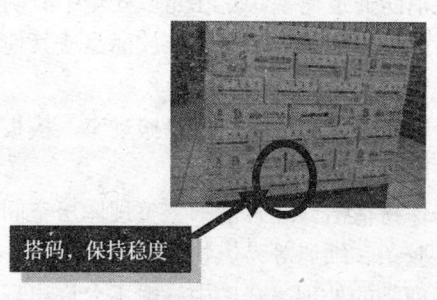

图3—5 搭码

(6) 精品库房建台账。精品库房一般应实行台账管理制度,也就是对每一笔进出的商品进行登记,每一笔都有经手人、保管人、防损人员的签字,防止贵重商品被盗、丢失,见表3—1。

表3—1　　　　精品库房商品出入库台账

商品名称:				规格:			单品号:
商品条码:				期初库存数:			
日期	入库			出库			期末库存
	数量	经手人	保安	数量	经手人	保安	

4. 商品整理要求

(1) 商品"隔墙离地"码放。"隔墙离地"是为了防止商品受潮变质，在库房一般量少的商品码在货架上。而大批量的商品，会存放在库房的开阔地。在这种情况下，要求商品隔地码放，也就是说不能让商品直接接触地面，下面要用栈板隔起来，避免商品受潮造成损失。

(2) 顶部离照明灯管的距离不少于60厘米。商品的顶部不能紧靠着库房的房顶，尤其是要避免靠灯管太近，最短的距离不得少于60厘米，以免引起火灾事故。

(3) 货物不能堵塞消防通道。库房都有消防设备，不能因为存放货物而将消防通道堵塞，这在超市安全中有明确的规定。比如，在消火栓的一定区域内不允许堆放商品或其他杂物，超市的防损部门会经常来检查。

(4) 保持库房通道的通畅。托盘搬运车、栈板等设备、工具不允许停放在库房的通道里。

(5) 库房保持清洁。经常清扫、整理库房空间以保持干净整洁，空纸箱、胶条、纸屑等易燃物要及时清除。

(6) 半箱商品的处理。仓库中一般不允许出现半箱商品，如果实在无法将半箱商品消化在卖场中而必须回库，则要求封箱，并在箱体上注明箱中所剩商品的名称、规格、单品号、条码以及数量。

5. 顶仓的整理

对于设置顶仓（位于卖场货架顶部，用来存放整箱或散箱商品）的超市来说，卖场顶仓属于库房的一部分，顶仓存放的主要是散箱的商品，补货时剩下的商品。顶仓存放的位置与该商品陈列的位置是对应的，也就是说顶仓存放了某种商品，那么在顶仓下的某个层板上就陈列着这种商品，这样便于查找，补货时方便、省时。

顶仓商品整理的要求如下：

（1）保持顶仓的整洁

1）纸箱的箱盖要封住，不要让它自然张开。

2）所有纸箱的外立面要平整，不平整的要撤换。

3）纸箱存放的位置保持与货架的顶层层板的外边沿平齐，不凹进去，也不凸出来。

（2）商品按规定码放

1）尽量保持一个单品一个位置。

2）商品不能堆得太多，最多放置三层，原因如下：

①货架的承重能力有限，存放的商品太多，可能不安全。

②卖场上方都有照明灯管，堆放太高，会使商品靠光源太近，可能造成火灾事故。

（3）保证顶仓丰满。顶仓虽然具有库房的性质，但又不完全等同于库房。在一些特点上，它和卖场陈列面有类似的地方，它也在向顾客进行展示，所以一方面，顶仓不能码放太高，要整齐，同时又不能空置，发现有空置的，要及时想办法补满。

6. 处理常见问题

（1）商品安全出现隐患。其具体表现是商品码放过高、乱堆乱放或不搭码码放。这种情况在节日商品集中到货或促销高峰时最易出现。由于时间紧迫、工作忙，有的理货员就忽视了操作要求，结果很可能造成商品坍塌甚至砸伤人的事故。本来是想省事结果却费了大事，更重要的是给店铺造成损失，给他人造成痛苦。所以，理货员一旦发现工作中出现安全隐患，如商品超高、倾斜等，一定要立即纠正。

（2）忽视消防安全。仓库是超市的重点防火区域，由于摆放了大量商品，一旦发生火情损失将非常严重。有些理货员只知道"库区严禁吸烟"，但却不知道纸箱距照明灯管近了能起火，仓库一般光线黑暗所以照明灯常明，易燃的纸箱如离灯管近了（60厘米以内），时间一长先是会烤出一层白烟，继而达到燃点就会起火苗。所以千万不要忽视"货物顶部离照明灯管的距离不少于

60厘米"的规定。此外,仓库通道内的易燃物要在第一时间清除,上货车、托盘搬运车等要各就其位,这样一旦发生火情,便于扑救。

(3) 没执行"先进先出"原则。当工作持续繁忙时,有的理货员可能放松对自己的要求,特别是在自己单独拉货入库的情况下,会不执行"先进先出"原则,直接将新到的商品放在原有商品的上面。理货员会认为:"这种商品销得很快,明天就会大量出库,不会有事。"或者认为:"就这一笔货没执行'先进先出'原则,明天出库的时候先拿底下的货就行了。"这种侥幸心理害人不浅,很多过期商品就是这样造成的。所以,理货员要切记在任何时候都要认真执行"先进先出"原则。

(4) 顶仓整箱商品"长翅膀"。顶仓商品由于码放在卖场,直接面对广大顾客,所以更要注重整齐和美观。顶仓的包装箱基本都是拆过封的,有的理货员拆封时将封箱胶条胡乱撕扯,放到顶仓上以后,封箱胶条就随着卖场里的换气扇或空调机吹出的气流上下起伏,如同长了翅膀,非常难看。惹得顾客"指指点点"地提出批评。所以理货员要特别注意顶仓包装箱上的胶条一定要彻底撕干净。

(5) 精品库"防盗"。精品库是超市内外盗窃分子关注的目标,也是安管部门重点巡视防范的地方,因为存放的都是贵重商品,一旦失窃损失巨大。负责精品库的理货员责任重大,要时刻提高警惕,严格按"安全管理规定"办事。

1) 精品库安装有门锁,钥匙由指定的理货员和防损员妥善保管。

2) 除了进出货物或整理商品、盘点,库房门都要随时锁住。

3) 不允许与工作无关的人进入精品库。

4) 按店铺规定进行特殊盘点。如每月的最后一个星期一进行一次全面盘点,也就是说精品区的每一样商品都要盘点。

5) 精品区出现人员调动必须进行全面盘点,盘点后将盘点单建账留存。

小结

理货员在超市后场的商品操作主要包括三项内容：订货、验收、库房商品整理。其中订货是商品流转的源头、验收是保证商品顺利流转的重要关口，库房整理储存是保证卖场所需商品源源不断供应的蓄水池。理货员后场操作干得好就为卖场上货、促销打下了坚实的基础。如果将市场比成战场的话，超市的卖场就是前线，完成好后场操作的一个细节动作，就如同为商战擦亮了一支枪、一颗炮弹，到了前线肯定能打一场胜仗。

第四讲　卖场操作

卖场是超市店铺的门面，也是商战的前线。顾客看不到员工在后场操作，他们通过对超市卖场的观察来了解店铺，通过选购商品对店铺作出判断。因此，卖场操作干得好才能体现后场操作的工作价值，才能真正打一场漂亮仗。

模块一　上货与补货

因为销售活动非常频繁，所以超市店铺的商品周转量非常大，要满足商品快速周转的需要，必须及时将商品从后场仓库源源不断地补充到卖场上去陈列，因此理货员每天都要做大量的上货、补货工作。

上货与补货是指理货员根据货架商品的缺货状况，将已经验收入库的正常商品，依照商品各自既定的陈列位置，定时或不定时地将商品补充到卖场展示，以保证卖场陈列丰满的作业过程。

1. 上货

上货就是定时补货。一般指在非营业高峰时对卖场陈列商品进行补充。比如，超市晚班的理货员每天在超市闭店后，会定时集中对缺货的商品进行补充。定时补货是大批量、全品项的作业，所以大家习惯称其为上货。上货的作业流程如图 4—1 所示。

图 4—1　上货的作业流程

(1) 整理排面。理货员需要进行商品整理才能正确预估需要补货商品的种类和数量。整理排面的顺序是从促销区开始,然后整理量陈、端架,最后整理货架内商品。

1) 整理促销区商品。促销区是促销商品集中陈列的区域,不一定所有的超市都会设置,它分布在超市入口或电梯拐角等顾客必经的区域,陈列的商品一般是季节性强、周转量大的促销商品。

2) 整理量陈和端架商品。整理的方法是将各种商品分别集中,做到横平竖直、有规律地码放,空出需要上货的位置(见图 4—2)。

上文提及的三个陈列区域比较吸引顾客注意力,是商品周转比较快的地方,所以在整理排面时优先进行,优先补货,保证重点区域商品随时充足,不缺货。

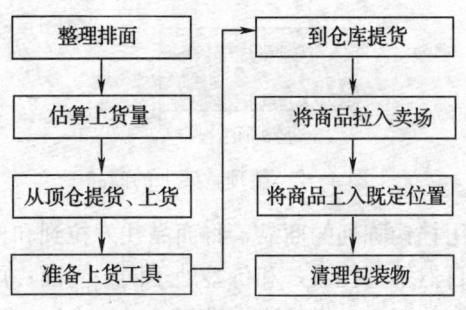

图 4—2　整理端架

3) 整理货架上的商品。将货架层板上的商品依次往左前排拉,外边沿与层板的边沿线对齐,同时保持商品的横平竖直。所有商品的商标正面面向顾客,空出来的区域为即将上货的区域(见图 4—3)。

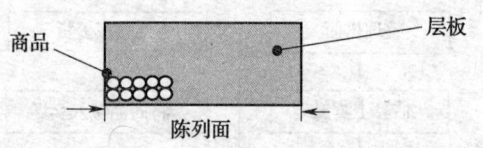

图 4—3 整理货架上的商品

如果是用挂钩陈列的商品,将商品往外拉到和价签垂直的位置,使商品自然垂直挂放,和价签处于同一立面;用筐陈列的商品,将商品垒放起来,靠外边沿堆集。

(2)估算上货量。在排面整理完成以后,就很容易估算出需要补货的商品数量,也就是根据层板上空出来的位置来进行预估。如果对相应商品的包装入数很熟悉,可以根据需补货商品的数量,换算出需上货商品的箱数,并将相关的资料和数据填入"上货卡"中(在不熟悉商品的时候,建议填写该卡),见表 4—1。

表 4—1　　　　　　　上货卡

单品号	单品名称	规格	单品条码	需补货量	
				个数	箱数

熟悉商品的理货员可以不用专门的上货卡,用一张白纸简略记录需要补货的商品和数量就可以了。

(3)从顶仓提货、上货。对于有顶仓的超市,理货员应该先从顶仓中将货架内需要上货的商品找出来,先行上货,然后再根据上货卡进入库房整批量地提取商品。

(4)准备上货工具。入库提货之前,先将拉货的工具准备好,如托盘搬运车、栈板、手推车等。可根据提货量的大小选取上货工具。如果提货量大，就用托盘搬运车；否则，用手推车就可以。

注意：如果要提取的是贵重、易丢失的商品（如巧克力、化妆用品、名烟、贵重的酒等），要去精品库房。精品库房门上锁，而且由营业部门和防损部门共同管理，所以需要与管理库房的人员一起入库房提货。

（5）到仓库提货。根据上货卡上需上货商品的先后顺序，找到对应库房的对应区域，按"先进先出"原则进行提货。每找到一种商品，就将相应数量的商品搬出来，放到车子上或托盘搬运车、栈板上以后，就从上货卡中将该商品划掉，或做上相应的标记，这样可以避免重复地找，提高效率。这对于不太熟悉商品的理货员来说，是非常重要的。

（6）将商品拉入卖场。理货员从仓库提完货后，将堆满货物的栈板或手推车拉到需要上货的区域，要注意不能将整箱商品卸在通道里，而且没有看管。

（7）将商品上入既定位置

1）上货的顺序同整理商品排面的顺序一样：先上促销区的商品，然后上量陈的商品，接下来上端架商品，最后是货架内的商品。

2）上货时先要核对商品标签或条码，确定手上的商品和货位上所贴的商品标签或条码一致再开始上货。千万不要将 A 商品摆到 B 货位上，如果摆错位置就可能因误导顾客造成客诉事件。

3）拆箱上货时，要注意查看商品是不是满箱，如果发现原箱短少要立即报告主管。另外，尽量不要使箱子直接着地（尤其是食品）并拖来拖去，更不允许用脚踢箱子，要让箱子总是停留在栈板上。

4）将商品上入货架时，保证商品上到整理出来的陈列排面的最底部，这是先进先出的原则所要求的，同时要保持商品在层板上一律正面朝前、整齐摆放，俯视图如图 4—4 所示。

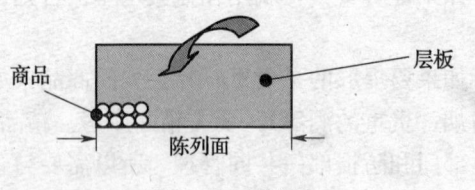

图 4—4 俯视图

5）能直立的盒装或袋装商品可以码放在层板上，为了保证商品既稳固又便于顾客挑选，后排商品可以平摆码放，前排商品靠在后排商品上直立陈列，侧视图如图 4—5 所示。

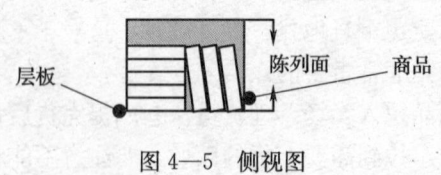

图 4—5 侧视图

6）不易直立的袋装商品应陈列在货筐里，注意不要码得过高。

7）对于悬挂形式的商品，需将原来的商品全部取出来，然后再将新的商品上入，取出来的商品不可直接接触地板，可以放在空纸箱中作周转。

8）悬挂的商品上完时，应保持最外面的商品自然下垂，并且与价签保持在同一垂直面上；用筐陈列的商品，堆放的高度以商品不会自然滑落为准，当陈列筐没有空间时，不要将商品硬塞入陈列筐。

9）理货员无权私自拉大或缩小商品原有的陈列面积，所以不要随意将价签的位置左右移动，或者随意改变商品原有的陈列位置。

（8）清理包装物

1）每上完一箱货，理货员要及时将空箱子拆开、展平，避免有商品遗留在纸箱内，被当做垃圾扔掉（见图 4—6）。

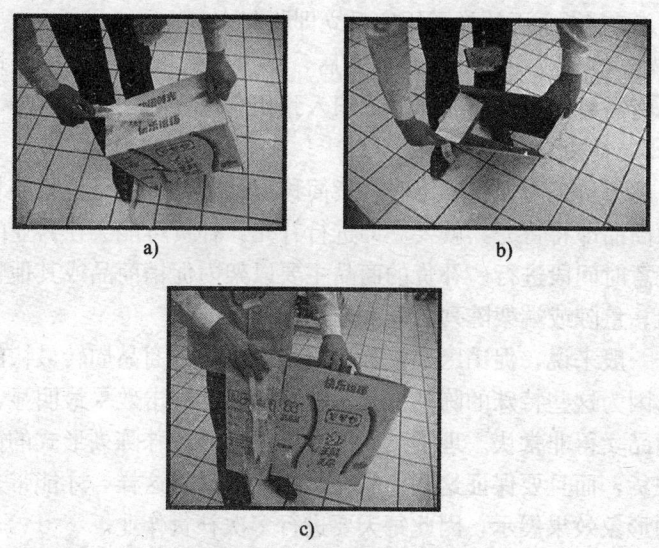

图4—6 将空箱子拆开、展平
a) 清除胶带 b) 拆箱 c) 展平

2) 在一个区域上完货,随手清理散落在地面上的纸屑、胶条等杂物(见图4—7),保持地面的干净、整洁。

图4—7 纸箱皮未及时清理

3）上货所用的梯子用完后立即收起来。

4）整车或一批货物都上完后，将拆好的纸箱统一扔到垃圾房，将需要回库的商品回库，归入到相应位置。

2. 补货

超市员工习惯将不定时补货简称为补货，也就是说只要货架上的商品即将售完，就要立即进行补充，补货可能会在营业时间的任意时间段进行。补货的商品主要以架内促销商品或其他畅销商品、量陈或端架陈列的商品为主。

一般来说，促销区、量陈、端架应是卖场商品周转最快的地方，因为这些特殊的陈列方式对顾客的视觉冲击效果最明显，所以商品卖得非常快。理货员不但要保证这些特殊陈列形式的商品不缺货，而且要保证这些商品充足供应，只有这样，才能带来更好的形象效果展示，因此每天要进行多次补货作业。

补货作业流程基本上与上货作业流程是一样的，所不同的是上货作业一般是在卖场没有顾客的时间进行，而补货作业则是在卖场中有顾客购物的情况下进行。所以要特别注意以下内容：

（1）拉货穿越卖场时，要大声而友好地提醒顾客避让，可以说："对不起，请让一下，谢谢！"

（2）货物尽量停靠在不影响顾客自由穿行选购商品的地方，同时不要挡住POP、价签等，如果是在货架间的通道内补货，可以将托盘搬运车或手推车靠需上货货架侧停放，留出对面一侧较大的通道让顾客穿行，不要将车停放在通道的正中间，堵塞通道。

（3）找到合适的停放位置后，及时将托盘搬运车卸压，使栈板落地，不要将拍子半悬在空中，避免在卸货过程中翻倒。卸压时，应大声而友好地提醒顾客注意脚下安全，避免压到顾客，而且要轻轻松开托盘搬运车的卸压阀门，保证栈板缓慢着地。同时，如果托盘搬运车或手推车有制动工具，应及时实施制动，避免在上货时滑动，撞到顾客或货架。

（4）即时将包装箱、纸屑、胶条等杂物清出卖场，随时保持地面的干净、整洁。

3. 处理常见问题

（1）易混的商品提货时要特别注意核对条码。如前所述，库房中的系列商品很多，仅从单品外观很难分辨是否与要上货的商品相符。不仅如此，库房中大部分都是整箱的商品，外包装箱的区别也非常小，更不好区分。在遇到此种情况时，唯一能够依靠的就是条码。也就是需要拆开一箱，取出其中一品，看它的条码是否和上货卡上需上货的商品的条码一致（为提高效率，可以只确认条码的最后四位），如果相同，就可以放心地提货了。

（2）商品在搬运过程中损坏。在商品搬运过程中要避免商品损坏或货物倒塌的情况发生。在往栈板上或手推车上垒整箱的商品时，注意不要把易碎的或怕压的商品（如玻璃器皿、塑料盒等）垒放在底部，而要将重的、不易破碎的商品垒放在下部，轻的、易破碎的商品放在上部，这样不但可以避免商品受到积压而损坏而且还能保持货物的稳定度。货物垒放时要注意搭码，其高度不要超过视线的高度，这样视野开阔，避免在卖场穿行时，因视线受影响而撞到其他顾客或货架。

（3）整箱商品不能全部上到陈列货位。在上货中，常常出现这种情况，一箱商品刚刚上了一半就没有货位了或剩下几个商品怎么也找不到地方放。这时如果有对应的顶仓，可以将剩下的商品存入顶仓，如果没有的话，就将剩下的商品装在纸箱中回库（即放回原来提货的地方），回库前注意封箱并在箱体上注明箱中所剩商品的名称、规格、单品号、条码以及数量。总之，不允许乱塞，不能占用附近的其他商品的陈列空间。

（4）商品断货。在上货过程中，可能会出现断货的情况，也就是陈列排面已经没货了，而在库房也找不到该商品了。这时候理货员要做两件事。

1）根据超市的规定，在对应的陈列面位置上向顾客出示

"缺货,请谅解"的提示(见图4—8)。不要将缺货商品陈列面的价签撤掉,或是将价签反过来,或者干脆将缺货商品的陈列面用来陈列其他商品。

图4—8 缺货的正确处理方式

2)将缺货的信息反馈给主管或订货人员,请他们尽快想办法催货。

(5)找不到新品的陈列位置。理货员在补货时,可能会发现排面上没有新品(即超市以前没卖过的商品)的陈列位置,该怎么处理?

这时候,需要找到主管,请他来为新品安排一个陈列位置。因为各个超市都有自己的陈列原则,什么商品摆在什么位置,都是有规则的,所以按规则来确定,理货员是没有权利、也没有这方面的经验来进行排面的调整。在确定好位置,将商品上齐以后,理货员同时将这个商品的价签以及相应的POP上齐。

(6)精品库提货注意事项。对于贵重商品,有的超市实行台账制度。每次提货时,都需要详细登记并由防损人员、仓库管理人员、提货人员一同签字。理货员提完货后按规定遵照执行,并且在提完货后,及时落锁。

模块二 理 货

理货就是把卖场上陈列的商品整理好。顾客购物其实是一个精心挑选自己喜欢的商品的过程。他们会对各种商品进行比较，包括价格、生产日期、包装、颜色、口味、规格等。他们也可能会犹豫，尽管已经将商品放入自己的购物筐或购物篮中，但只要没有最后通过收银台结账，他们就有可能决定不买了。其中，有些人会将商品随意舍弃到就近的货架上（通常称这种商品为孤儿商品），所以超市在营业一段时间后，排面是凌乱的，价签也可能不对位，必须进行整理。

1. 整理排面

（1）挑出排面中非正常的商品

1）将排面中非正常的商品，包括破损的、无价签或条码的、变形的商品全部挑拣出来，避免无法销售的商品浪费陈列资源，影响超市形象。

2）整理排面的顺序是分区域、按货架顺序依次整理，从左到右，从上到下，一个一个货架进行整理。

3）将挑出来的非正常商品拿到后场处理，能重新包装的重新包装，不能重新包装的按店内规定或退货或折价销售或报损遗弃。

（2）把零乱的商品整理好

1）将颠倒的商品正过来。

2）把混在一起的商品分开、码整齐。

3）把掉在地上的商品拣起来、擦干净。

2. "前进式作业"

"前进式作业"是指当顾客买走了较多商品，货架前排的商品出现空缺时，要将后排的商品往前挪，将前排空间占满。这样

做一可保持卖场商品陈列充足之感,二可为补货做准备。在执行"前进式作业"的时候,要注意以下内容:

(1) 检查商品保质期。特别要注意临期品(即将超过保质期的商品),理货员要有"提前下架"的概念。例如,保质期为一年的商品,有的超市要求提前一个月下架,即当还差一个月到保质期的时候,就将商品从货架上拿下。再如,保质期为一个星期的商品,有的超市要求提前一天下架等。

(2) 商品码放"面面俱到"。"面面俱到"是指货架上陈列的所有商品都正面朝前(即中文标识一面朝向顾客),这样顾客买走前面的商品后可以保证后面的商品仍正面朝前,便于顾客挑选。

理货员发现"正面朝后"或"侧面朝前"的商品一定要立即调正。

3. "孤儿商品"归位

(1) 随时归位。发现散落在本陈列区的"孤儿商品"应立即归位,即将"孤儿商品"放回其原来陈列的地方。如果不是冷冻冷藏商品,也可以先将这些商品集中起来,在整理完一个区域的排面后,再一一归位。

(2) 集中归位。每隔一段时间就到收银台或店铺"孤儿商品"集中存放区收集本部门的"孤儿商品",将它们一一归位。

4. 价签对位

(1) 超市每一种商品的价签都应统一标于左边第一个商品的下角,尽量做到纵看货架商品价签垂直成线,便于顾客比较识别。如果发现价签偏离,一定要即时对齐。

(2) 看商品的价签是否完好,是否有缺失或破损的情况,尤其是冷风柜和冷冻柜,由于有水汽,价签容易潮湿,容易污损,需要经常更换。

(3) 看悬挂的 POP 和其他一些价格牌是否完好,如有缺失及时补齐,如有污损及时更换,如有书写错误要及时纠正。

(4) 部分超市箭头和价签配合使用。这时，箭头的位置应紧靠在价签的右侧，箭头方向指向对应的商品。如果发现歪的箭头，一定要即时正过来。

模块三 清 洁

"民以食为天"，超市经营的商品以食品为主。"食以洁为先"，顾客对食品的第一要求就是清洁、卫生。理货员每天要做大量的、烦琐的清洁卫生工作。不要小看擦商品、擦货架这些简单的小事。它是保证整个卖场环境卫生的关键，是提高顾客对超市满意度的大事。

按照超市的分工，理货员一般主要负责卖场商品和陈列设备及仓库的清洁工作。

1. 清洁的主要工具

（1）抹布。人人要备有一块抹布，最好是易吸水的棉布或是毛巾。抹布必须经常用清水洗净拧干，直到拧不出水来为止，只有这样才能将商品擦干净，否则不但起不到清洁的作用，还会造成相互污染。

（2）笤帚与簸箕。笤帚与簸箕主要用来清扫仓库，要放在后场固定的地点。

2. 清洁商品

（1）清洁的时机

1) 上货、补货中的及时清洁。上货与补货时看到商品有污渍和尘土立即擦掉。

2) 理货中的及时清洁。理货时要做到抹布不离手，将商品普遍擦拭一遍。

3) 在没有其他工作的时候抓紧做好清洁工作。

（2）商品清洁的方法

1）乳制品、面包、冷冻包装食品用干布擦拭。

2）瓶装和罐装食品密封好、不怕水，可先用湿布擦一遍，再用干布擦一遍。

3）膨化饼干、干果、糖果用干布掸去灰尘。

4）美发、护发、清洁用品可用湿布擦拭。

5）玻璃制品（如酒杯、玻璃果盘）先用湿布擦一遍，再用干布擦出光泽。

6）服装、鞋帽、床上用品可用干布掸去灰尘。

3. 清洁陈列设备

（1）清洁的时机

1）上货与补货前理货员要擦拭货架、物流笼等陈列设备，因为这时货位上商品不多，最容易擦拭。如果时间允许，最好将原有商品全拿下来，彻底擦拭层板。

2）抓紧工作空隙时间擦拭货架、物流笼等陈列设备的边角，清除价签塑料条中的尘土和货架底下的杂物。

3）按上级的安排，集中专门时间清除卫生死角。例如，货架腿四周由于保洁员清扫地面时很难顾及，隔一段时间就要清理干净。

（2）清洁的方法

1）擦拭货架层板的时候，要注意从左到右擦，不要来回擦，以免将角落上的尘土带回。

2）对货架上的顽固锈迹、污迹，可用一些清洁剂去除。

3）对顽固的卫生死角要先用钢丝球浸清洁剂用力擦，然后再用拖把彻底擦干净。

4. 清洁仓库

（1）清洁时机

1）按计划时间每天清扫一次。

2）盘点时进行一次全面清扫。

（2）清洁的方法

1) 清洁地面时笤帚要尽量压低、不要扬尘。因为仓库要防潮，所以清扫地面时不能洒水，也不能拖地。

2) 清除货位上的残破纸箱片、胶条等杂物。

3) 特别要关注退货区和残品区的卫生，如有污渍和变质的液体流出要立即清除或倒掉。

5. 处理常见问题

（1）破损商品污染其他商品。超市中一些液态软包装商品，如牛奶、酱油、醋等容易出现漏包的情况，只要一袋漏了，其他商品都要受影响。有些理货员在理货时发现商品破包只顾挑出漏包商品拿到后场处理，却忽视了将流出的污迹擦拭干净，结果污染了其他商品，甚至泄漏的液体会流淌到地面上，顾客看到这种脏乱的商品一般会放弃购买。所以，理货员要养成随身携带抹布的习惯，对于散包、破包商品，要在及时挑出来下架的同时随手擦拭污迹，以保持卖场陈列的整齐、清洁。

（2）用湿布擦冷冻柜。有的新理货员不了解冷冻柜在使用时要保持低温怕潮湿的特点，会像擦别的商品和陈列设备一样用湿抹布擦拭冷冻柜和里面的商品。这样做其实对冷冻柜中制冷机的运转不利。冷冻柜属于特殊陈列设备，它的清洁应利用人工除霜时间进行。如果冷冻柜里的商品有污渍，可用干布擦干净后放回。

（3）上货、理货、清洁同时进行时顾此失彼。实际上，理货员在卖场工作时，为了提高工作效率，上货、理货、清洁常常是交叉或同时进行的，不熟练时可能会顾了上货顾不了理货，顾了清洁货架又顾不了清洁商品。要改变这种状况就需要在实践中不断摸索经验。例如，清洁和理货可以这样同时进行：

1) 将货架左上方陈列面的商品腾出来，并对商品逐个进行擦拭。

2) 将这个陈列面的层板、背板（网）、货架立柱擦拭干净。

3) 将商品归位。在归位的同时查看商品的保质期，遵循

"先进先出"的原则按"面面俱到"的要求摆放。

4）查看商品价签是否对位。

模块四　商品促销

促销是超市总部依据季节变化、节假日商机、竞争需要组织的在短时期内以促进销售为目的刺激顾客购买的活动。超市的各个店铺依照总部一期接一期的促销计划，组织一次又一次的销售高潮，可以说促销是当前超市最强的销售推动力。

一般超市每两个星期就要组织一次大型的 DM[①] 促销活动。由上一个促销活动过渡到下一个促销活动的工作称为"变档"工作。理货员在 DM 促销活动中的任务主要有两个，一是按照"变档"工作的要求更换量陈和端架商品，二是在卖场推介 DM 商品。

1. 更换量陈和端架商品

量陈和端架是陈列 DM 商品的主要位置。每期 DM 促销的时间一般是 14 天，所以每隔 14 天理货员就要更换一次量陈和端架上的商品。

（1）更换的时间。从 DM 促销开始日前一天闭店后开始到第二天开店前要将促销商品全部更换上货。因为计算机系统中变更 DM 商品价格的生效时点一般会是凌晨零点。

比如，某超市的一档海报中的一个促销单品是 2.25 升的可口可乐且将于 9 月 25 日开始在量陈进行促销活动，则该单品应

---

① DM 是 direct mail 的缩写（促销海报），是指随报纸邮递的广告，一般指的是店外散发的海报，海报的内容主要是店铺商品推荐和促销品的介绍及店内定期的优惠活动等，印在促销海报上的促销商品一般被称为 DM 商品，促销海报是店铺内外与顾客沟通的重要途径。

该在9月24日闭店后上货,在9月25日开店前,这个可口可乐单品的量陈就应该摆出来。这样,正好赶上促销开始,有价格促销力度,可以以很大的陈列量吸引顾客,刺激顾客购买。

(2) 更换步骤

1) 闭店前做好准备工作

①熟悉本课(组)促销陈列计划。每次换档之前,组长或主管都会做一个促销陈列计划。也就是说,对什么单品陈列在什么位置做好一个事先的规划,理货员在更换量陈或端架时就可以依照这个计划来做。所以,理货员首先对本组的促销商品摆在哪个区域、哪个位置要有一个大概的了解。

②制作相应的POP和价签。在一些超市,POP由美工部门统一书写,或者由资讯部门进行打印,因此理货员在下班前要找这些相应部门的同事协调好相关事宜(如果超市吊挂的POP上标志的价签是可以自由翻滚的,临时翻就可以了)。

③将需要更换的新商品准备出来(也叫备货)。由于陈列在端架或量陈上的商品量都比较大,所以可以事先从仓库找出来码放到栈板上(一个栈板一个单品),到时直接拉到卖场就可以了。

2) 闭店后进行更换工作

①将原来端架或量陈上的商品撤下来,装入包装箱,封装好后及时回库,尤其是冷冻冷藏商品,不要撤下后长时间停留在卖场。如果不是原装箱,注意标识出箱内的商品名称、规格以及数量。

②将准备更换的新品拉入卖场后,根据商品的特点选取合适的陈列道具,如筐、挂钩、层板等,另外根据商品的体积大小,调整层板的层高、挂钩的密度,使商品陈列既丰满,又便于拿取。

③将新商品上入端架或量陈。在端架陈列中,由于1.4～1.6米是黄金高度,也就是说放在这个高度的商品,顾客最容易拿取,也最受顾客关注,所以商品周转最快,而在1.4米以下和

1.6米以上的位置,商品周转会相对较慢。在补货的时候,应该将黄金高度位置的商品全部补满,而非黄金高度的位置,可以在最外侧的2~3层用商品展示就可以了,里面建议留些空包装箱塞入里层,这样做的好处是,在下次撤换端架时,就不会产生太多的散箱商品了。

④上完货后,将POP、价签及其他商品信息的标志及时更新。

⑤空纸箱、垃圾屑、胶条等杂物及时清理出现场。

(3) 更换要求

1) 在端架陈列中,每个端架能陈列几个单品,各超市都有自己的相应规定,一定要按规定执行。

2) 在做量陈时,一般需要"打底",也就是为量陈底部做铺垫、打基础。这个基础可以是专门的促销台,而更多的时候是用整箱的商品进行"打底"。如果用整箱商品"打底",首先注意要压码,保证底座的稳定性和安全性,其次最下层要垫栈板,不能让商品接触地面。

3) 在做量陈和端架陈列时,要注意丰满度和量感,同时可以加一些创意。总之,是让商品的展示效果吸引顾客,刺激顾客去消费,如图4—9所示。

图4—9 有创意的量陈

(4) 处理常见问题

1) 做量陈时打底商品不够。做量陈需要大量商品压码,一般打底的整箱商品应和上面陈列展示的商品一致,但有时会发现商品不够,于是理货员就选用其他整箱商品打底,这样就造成打底的是一种商品,而摆放在上面的促销品是另外一种商品,这样就削弱了集中陈列的展示效果。如果遇到这种问题,解决的办法是将量陈的底座用超市统一的促销帏布遮挡起来或用该商品的大广告围起来,避免顾客看到上下商品不一致。

2) 栈板出边。量陈最小面积不得小于一块栈板,最底部栈板不能外露。量陈底座面积小于栈板面积即为栈板出边,不但不美观而且容易绊倒挑选商品的顾客。所以在打底时,理货员一定要认真规划如何搭码,掌握距离,保证底座整箱商品与栈板边角对齐。

3) 量陈歪斜。量陈歪斜肯定起不到促销效果而且容易倒塌。一般商品如果下层打底做到方方正正、有棱有角、量陈商品陈列整箱对齐,就不会出现量陈歪斜的现象。最容易出现歪斜的是米、面、糖等袋装商品,在做这些商品的量陈时,一定要注意先将包装袋拍出形、拍出棱角,然后再咬茬码放。技术熟练的理货员能做出非常漂亮的米、面、糖量陈。

4) 忘换价签。忘换价签是促销换档工作中的大忌,因为这会给顾客造成非常不好的影响。例如,某超市的一档海报,其中一个单品是 355 毫升的可乐,原价是 2.1 元,促销价是 1.65 元,促销生效日期是 2007 年 9 月 25 日到 2007 年 10 月 9 日,那么在 9 月 24 日 24 时前,其价格是 2.1 元,9 月 25 日 0 时以后,计算机系统就自动将价格变成了 1.65 元,一直到 10 月 9 日 24 时,10 月 10 日 0 时后又自动恢复到 2.1 元。如果 10 月 10 日理货员在开业前由于疏忽未能及时更换价签,顾客在购买此商品时,购物小票就会打印 2.1 元,但由于价签是 1.65 元,就会引起顾客的投诉,同时也会损失店内的商品毛利,为避免此类事情的发生,换价签一定要及时,另外每次"换档"后,在开店前都要先检查价签是否正确。

2. 卖场推介 DM 商品

在促销活动的高峰时段,理货员要在卖场推介 DM 商品,为顾客提供咨询服务,要做好这项工作一是要积累丰富的商品知识,二是要有热情服务的心态,三是要掌握顾客的购物心理。

(1) 运用掌握的商品知识推介商品

1) 叫卖。也就是通过"吆喝"招揽顾客购买。促销区店铺往往会安排理货员叫卖 DM 商品。叫卖声音要洪亮,除高声告之顾客促销的价格和时间外,要真正打动顾客还要宣传商品的用途和特点。例如,叫卖玉米油可以说:"它含不饱和脂肪酸达 85%,人体吸收率达 97%,比一次性压榨的花生油营养价值还高。"顾客一听就认为你是行家,周围的顾客也会聚拢过来,向你咨询各种食用油的问题。如果你都能流畅地解答,一定能赢得顾客的青睐,获得不菲的销售业绩。

2) 现场演示。也就是通过现场表演、做示范来吸引顾客购买。例如,汽锅是南方做汽锅鸡必备的工具,很多北方人爱吃汽锅鸡但不会自己做,更谈不上买汽锅。有一个超市就让理货员现场做汽锅鸡,一边做一边卖,既卖汽锅鸡又卖汽锅。汽锅鸡可以现场品尝,汽锅里冒出阵阵清香,不一会儿卖场就围满了人,理货员高兴地介绍汽锅鸡的营养成分和做法,热情回答顾客的询问,忙得不亦乐乎。结果汽锅鸡卖得好,汽锅卖得更好。

(2) 热情地为顾客服务

1) 主动介绍商品。"主动"的关键在于把握接近顾客的时机。当顾客目不转睛地看某件商品时,当顾客拿几个商品反复对比时,当顾客抬起头将视线从商品转向理货员时,当顾客在寻找什么时,理货员要主动上前,依据顾客的不同需要推介他们所需的商品，一般能收到较好的效果。

2）耐心回答顾客的询问。当顾客向理货员咨询问题时，不管理货员在干什么，都要先回答顾客的问题，讲话时要注意语言谦和、中肯，回答质量问题时不能含糊其辞，"还行""还可以""一般""凑合"等词语都不符合规范。

3）特别关照弱势群体。理货员要特别关心和照顾老、弱、病、残、孕顾客，因为他们行动不便、困难多、自我保护意识较强，希望得到别人的理解和帮助。所以接待他们要细心、耐心和周到，尽量帮他们拿递商品，实事求是地介绍商品，成为他们购物的有效帮助者。

（3）掌握顾客的购物心理

要想取得好的销售业绩，就必须赢得顾客的信任，要想赢得顾客的信任就必须不断了解和掌握顾客的购物心理。

1）服务方法因人而异。对男顾客说话要简洁、动作要迅速；对女顾客要耐心、动作文雅；对青年顾客要多介绍时尚、新颖的商品；对中年顾客态度要诚恳虚心；对老年顾客说话语速要慢。

2）针对顾客的心理进行诱导。当顾客看好了一个商品又难下决心购买时，理货员不要进行生硬的劝说，要揣摩顾客心理，有针对性地引导。例如，常有老年人想买适合自己的保健品，但因为退休金有限舍不得花钱购买时，理货员可劝导说："您想一想，算一算，是不是保住了健康就节省了医药费呢？"老年人一般会认同这样的观点，从而挑选并购买中意的商品。

小结

上货、补货、理货是理货员卖场商品操作的基本功，每天都要做，要反复做，所以一定要熟悉工作要领和流程，熟练把握。

清洁首先要重视,然后要有意识地养成良好的习惯,理货员要将清洁的观念贯彻到一天实际工作的始终。促销关系到整个店铺的盈利水平,业绩体现了理货员工作的结果,必须不断总结经验、攀登新的高峰。

第五讲 损耗控制与盘点

模块一 损耗控制

在商品流转的过程中，会不可避免地出现一些商品损耗，也就是说商品损坏（丢失或贬值）不能按正常价格销售或根本不能销售。理货员在商品作业中要努力控制商品损耗，同时对已损坏的商品要进行及时处理。

1. 商品损耗的原因

商品损耗的原因很多，大体可以分为可控的和不可控的两类原因。可控原因主要包括商品损坏和丢失，有以下内容：

（1）在搬运过程中，理货员将易碎商品打碎。

（2）顾客在挑选商品的过程中，不慎将玻璃器皿等碰落到地板上。

（3）食品在储存或陈列期间变质。

（4）商品丢失或卖混。

（5）库存调整错误或收货出现错误等。

不可控原因主要包括商品水分丢失、市场发生变化所导致的库存商品贬值等原因。

2. 防止商品损坏

理货员在商品作业过程中要注意每一个细节动作，防止商品损坏，努力将超市可控的商品损耗降到最低。例如：

（1）上货拆箱时注意检查。发现商品接近保质期或有缺损要及时向组长或主管汇报，以便做好记录，要求供应商补偿。

(2) 割箱时小心使用理货刀。理货刀一般都很快，使用时如用力过猛，刀尖很容易穿透包装层割坏商品，所以动作要轻，下刀要稳、准，但不要狠。

(3) 仔细检查空纸箱。空纸箱中往往裹着不少包装废纸，中间可能会夹杂了一些上货时丢下的小商品（如袜子、擦手油等），注意不要将这些商品和废纸一起扔进垃圾中。

(4) 搬运商品时注意安全。一要注意商品搭码，大不压小、重不压轻；二要观察前方的道路，防止发生碰撞；三要杜绝野蛮装卸，以免损坏商品。

(5) 理货时发现有商品损坏、漏破或变质时要及时处理，以防损失扩大。

(6) 操作叉车时，避免急转弯，升降时禁止移动叉车，以免撞到商品，发现问题要及时汇报，最大限度地减少损失。

3. 商品损坏的处理

理货员对已经损坏的商品要按超市的规定进行处理，处理的办法和程序如图 5—1 所示。

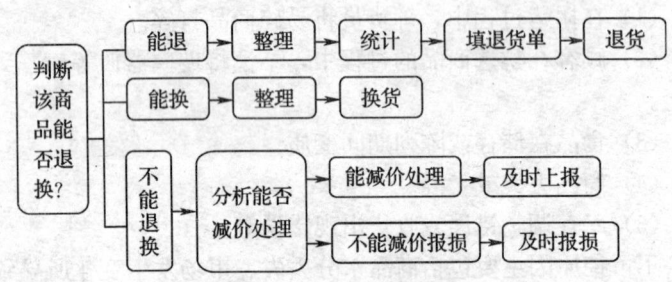

图 5—1　损坏商品的处理办法和程序

(1) 判断能否退货。按照超市与供应商的协议，有些商品在售出前损坏是可以退换的，而有些商品验收以后就不能再退换，发生损失要由超市自行承担。所以，理货员首先要将损坏的商品分为可退换商品和不可退换商品，然后才能分别进行处理。

(2) 处理可退换的商品

1) 退货

①理货员对可以退货的商品进行整理、统计,然后填写退货单(见表5—1)。

表5—1　　　　　　　退货单

店铺名称:							
供应商名称:		供应商编号:			退货日期:		
条码	单品号	单品名称	规格	未税进价	退货数量	退货金额	备注
合计	—	—	—	—			—
理货员:		供应商:			收货部门:		

②理货员在退货单上签字,然后交收货部门准备退货。

③供应商来送货时,由理货员、收货员和供应商一起验看退货实物,清点准确后,请供应商在退货单上签字并将商品拉走。

④请收货部门人员在退货单上签字并将单据留存。

2) 换货

①对可以换货的商品进行整理、统计,准备进行换货处理。

②供应商来送货时,由理货员、收货人员和供应商一起验看换货实物,清点准确后,请供应商当场提交同样数量的合格商品。

(3) 处理不可退换的商品

1) 减价。理货员对损坏的商品进行分析,能减价处理的要减价处理。例如,有的商品只是外包装损坏,里面的商品未受影响,有的商品只是脏了或有污点,但依然有使用价值,有的商品即将到保质期但目前还可使用等。理货员要将这些商品的具体情况及信息及时上报领导,请求上级采取措施减价处理,收回商品的残值。

2) 报损。已完全失去使用价值的商品由理货员向上级提出报损(报废),其操作步骤如下:

①将需要报损的商品存放在报损区。

②对报损商品进行整理。按超市规定每隔一段时间对报损商品集中进行分类整理。整理时要记住不要破坏商品包装上的条码,如酒水饮料瓶上的标签,因为这是识别商品的唯一依据。

③按单品对报损商品数量进行统计。在统计数量时,很重要的一点是搞清楚这个即将报损的商品是不是卖场的最小销售单位。比如,超市里八连杯的酸奶,它的最小销售单位就是八连杯,从供应商那里进货时也是按八连杯进的货,单杯不是最小销售单位(也有卖单杯的,要视具体情况而定),所以这时报损的数量就是一个八连杯,而不是八个单杯酸奶(八连杯的外包装上有条码,单杯上也有条码,两个条码就是区别八连杯和单杯的依据)。

④将报损商品的详细资料填入"报损单"。"报损单"的具体内容和格式在各类超市不一样,但是一般都应该反映一些共同的内容,如商品名称、规格、报损数量、报损原因等。理货员在报损区对报损商品进行分类、整理、清点后,应及时将正确的相关信息填入表单中。

⑤查询商品的价格。查询商品的销售单价,然后填入报损单相应栏目。

⑥统计报损金额。在报损单中,填写每个单品的价格并进行合计,最后统计所有报损商品的金额,并由经手的理货员签字确认,如果超过一定的金额(如 500 元,根据各个超市的具体规定),应呈给相应的主管批准(见表 5—2)。

表 5—2　　　　　　　　　　报损单

单品号	名称	规格	条码	数量	价格	金额	报损原因
合计							
部门主管:				理货员:			
防损主管:				防损员:			

⑦在部门的计算机系统中调整库存。将报损单交组长或主管,由领导指派专人将数据输入到计算机系统中,人为地调整库存。

⑧处理报损商品。在以上步骤都完成后,在防损员和理货员都在场的情况下,扔弃报损区的商品,而后理货员将报损区打扫干净。

模块二　盘　　点

盘点就是通过清点超市现有库存商品或资产的数量,来了解超市实际的库存商品数量或资产的金额,并将其与财务账面金额进行比较,以查找其中存在的差异的过程。也就是寻找超市商品或资产账面金额和实际金额差异的过程。

盘点是超市经营过程中不可或缺的一项重要工作，是考核、检验超市某一段时间经营成果的重要手段。

1. 盘点的必要性

在超市经营过程中，会存在很多损耗，有些损耗被及时发现并相应地做了库存处理；但还有很多损耗未被超市工作人员发现，或者是发现了，但没有及时进行库存处理。两种情况的实例如下：

（1）已发现并处理过的损耗

1）蔬菜坏了，作弃货处理。

2）理货员补货时，将玻璃瓶打碎，进行报损处理。

3）酸奶超过保质期，进行报损处理。

4）商品外包装损坏，不能退货，作报损处理。

（2）未发现或未处理的损耗

1）外盗。

2）内盗。

3）顾客（员工）打碎商品，随手扔到垃圾堆。

4）收银员结账时将高单价商品结成了低单价商品。

5）收货过程中有破损商品，未被查出来。

6）收货中，商品数量不足，未被查出来。

由于各种因素的影响，超市每个月的损耗非常巨大，对超市经营造成了相当大的影响。

盘点的目的就是通过核对商品或资产的账面库存和实际库存的差异，统计一段时间内超市的损耗情况，并对损耗的原因进行分析，采取相应的措施降低损耗，从而最终提高超市的经营效益。

2. 盘点的分类

超市盘点的重点是清查超市的商品，大概可以分为以下几类：

（1）店铺大盘。店铺大盘是指对店铺的全部商品都进行一次清查，以核实商品的实际库存数量。各个超市店铺大盘的频率不同，可根据具体店铺的运营情况来确定。运营比较好、比较稳定的店铺，店铺大盘的间隔时间可以长一些，如一季度或半年一次；运营状态不稳定的店铺，有可能每个月进行一次大盘。

另外，店铺还会视具体情况组织大盘，如年度大盘、年节销售高峰后大盘、新开店大盘、审计大盘（如店长离职或异动，要对其负责过的店铺进行审计）等。

（2）周期盘点。周期盘点是指每天按照分类盘一部分商品，通过每天的循环，在一定时间内（一个月或二个月）将所有的商品盘点一次。

要将饮料类商品在一个星期内（按六天算）盘完，应将饮料类的商品按小分类分期盘点，形成一个周期的循环：

第一天：盘可乐、汽水、加味汽水。

第二天：盘含纤维果汁、橙汁。

第三天：盘苹果汁、葡萄果汁、其他果汁、浓缩果汁。

第四天：盘功能饮料、咖啡、运动饮料、健康饮料。

第五天：盘原味茶、加味茶、奶茶、凉茶。

第六天：盘纯净水、矿泉水、含碳酸水。

周期盘点的实质就是将大盘的商品项目分解到每天，循环进行。这种盘点形式，有的超市在运行，但是没有取代大盘，基本是两种形式都采用。

3. 盘点的操作流程

盘点操作要分两步进行，即库房盘点和卖场盘点，最后再将库房盘点结果和卖场盘点结果进行汇总，得到盘点总结果。一般超市不会因为盘点而停止营业或影响顾客购物，所以，在白天（或营业时间）对库房进行盘点，而卖场部分的盘点是在晚上（闭店后）进行。

商品盘点具体分为盘点准备、库房盘点、卖场盘点、盘点总结和分析四个环节。

(1) 盘点准备（盘点日前10天开始）

1) 店铺领导确定盘点的具体日程安排，并向员工重申盘点的流程及注意事项。

2) 各部门、各课（组）对需要退货的商品实施退货，以减小商品的库存量。

3) 对不能退货的破损商品，及时进行报损处理。

4) 对高周转（或促销）的商品提前进行适量囤货，保证盘点当天不缺货（因为盘点当天不允许收货和退货）。

5) 准备盘点用的表单（如控制表、盘点卡、盘点区域控制图等）。

6) 各部门提前安排盘点人员，保证所有人员全力支持大盘。

7) 各部门、课（组）着手进行库房商品的整理。

(2) 库房盘点（盘点当天进行）

1) 生鲜及日配部门早晨（开始营业前）完成收货，营业后收货部门停止收货，各部门也不能再进行退换货。

2) 开门营业后，理货员要抓紧整理库房商品，保证一个单品一个位置，保证库房没有散箱商品。

3) 对因种种原因未能报损或退货的商品进行整理，并标识清楚。

4) 将赠品进行单独存放，不盘入商品范围。

5) 将卖场周转量比较大的商品或顾客预购且当天要提货的商品准备出来，独立放置，这些商品在适当时候要提走或存入卖场（不进入仓库盘点范围）。

6) 理货员按单品贴盘点卡（每个单品从箱子里抽出一个样品，在商品条码位置贴盘点卡。盘点卡的式样见表5—3。盘点卡的编号是在贴盘点卡的时候编的流水号，一个盘点区域一组流水号）。

表 5—3　　　　　　　　盘点卡

编号：	数量	签名
初盘		
复盘		

7）部门经理视察仓库，确认是否可以开始盘点，如果仓库整理不到位，各部门再次进行仓库整理。

8）部门经理允许后，各部门开始盘点，进行初盘（按单品清点商品数量）。

9）每个盘点区域初盘完毕，由领导指派另外一组人对该区域商品进行复盘或按一定比例进行抽盘，如出现错误，重新核实。

10）将正确的盘点结果按单品输入计算机系统。

11）库房盘点完毕，防损部门对库房进行监控，不允许再动仓库的商品。

（3）卖场盘点（盘点当天，营业结束后进行）

1）各部门设置盘点控制台并张贴盘点区域控制表（如一组货架或一个量陈都可设为一个盘店区域，根据需要进行设置）。

2）各部门主管对本部门员工和促销员进行盘点相关事项的说明。

3）资讯部门将计算机系统设置为盘点状态（各部门不能再进入系统查询商品的理论库存数）。

4）各部门开始商品整理，要求商品摆放整齐、孤儿商品归位、价签和商品对位。

5）按一组货架从左到右，从上到下的顺序张贴盘点卡并进行初盘。

6）一个盘点区域初盘完毕，另一组人进行复盘。如有误则进行核查，并标识正确的数量。

7) 将每一个盘点区域、每一个单品的盘点数量按条码、数量输入系统（有的超市有移动终端，扫描后输入数量即可）。

在以上过程中，防损部门和财务部门人员将对盘点过程进行监控，对盘点单品进行抽盘，以保证盘点的真实性。

(4) 盘点总结和分析

1) 由资讯部门统一对盘点结果按部门、单品的分类顺序进行打印，并与单品的理论库存进行比对，查找差异。

2) 对漏盘和差异大（数量在 50 个以上，金额在 500 元以上）的商品，部门必须重新进行查找，核实是否有未盘点的商品和盘错的商品。

3) 如存在漏盘或盘错，在监盘人员的监督和审核下，由财务人员对盘点结果进行调整。

4) 如果确实存在差异大的商品，部门主管标注出原因并提出改进措施。

5) 每一个单品盘点数据由资讯或财务人员输入系统，替换原有的理论库存（称为库存调整）。

4. 理货员的操作要领

以上讲述了盘点的操作步骤，可以看出，盘点是一个很大的工程，涉及店铺的每个部门、店铺的全体员工。作为理货员，不必掌握每个步骤的操作，因为很多步骤都是由部门主管或其他部门的人员来操作的，理货员只要熟悉整个过程就可以了，在这个基础上要重点履行自己的职责。

(1) 退货和报损。盘点前理货员要对破损商品进行退货或报损，对高库存商品也要尽可能进行退货处理。这项工作与平时报损和退货的工作流程是一样的。要注意的是，进行报损和退货工作后，要及时提醒有关人员进行库存调整。

(2) 库房整理。盘点前进行的库房整理是非常重要的一项工作，只有库房的商品整理到位了，才能使库房的盘点顺利进行，而且不出现错误，所以部门主管一般会安排理货员在盘点前2~

3天就开始进行库房整理。

库房整理时的重点包括以下四项:

首先要保证一个单品一个位置。这是为了盘点时,能够对库房的每个单品都能清点到,如图5—2所示。

图5—2 库房整理

其次,库房整理时,要使每个单品都能"露面",也就是说,不能让某个单品挡住另外一个单品,使站在库房通道中盘点的人员看不到。

再次,库房整理时,要尽量保证每个单品都是原装箱,而且是满箱商品,散箱商品要尽量处理到卖场去。如果实在不能用原装箱或是散箱商品,要贴上显著标志,注明条码、单品名称及数量。

最后,未能办理退货或报损的商品,也要进行整理,并单独存放,以便在盘点时清点。

(3) 数量清点(初盘和复盘时)。盘点的关键环节是数量清点,虽然简单,但是如果方法不正确,就很容易出错,特别要注意以下内容:

1) 遵循从左到右,从上到下的原则。不论是盘库房,还是盘卖场的时候,或者是贴盘点卡的时候,都要遵循这个原则。

图5—3所示中画折线箭头的两个货架上,在贴盘点卡和清点数量时都是从左到右,从上到下,即先清点左边的货架,然后再清点右边的货架。在清点每个货架的时候,也是先清点最上层

左边的商品,然后清点同层右侧商品,接下来逐次清点下层商品并从左到右进行清点,最终形成一个类似"Z"形的路线。图示中的每个货架由上至下依次贴六张盘点卡(每层贴一张盘点卡,最底下的商品是用非层板陈列了两层,但为计算方便,贴一张盘点卡即可)并记录6个盘点数量。常见的错误做法是将整个货架上的所有商品数量加在一起,写在一张盘点卡上。

图5—3 数量清点

2)注意商品的最小单位。有些商品的最小单位容易混淆,盘点时特别容易出错,如四连杯酸奶,在货架上陈列时,有时被顾客掰开成单杯了,在盘点时不能将一个四连杯盘分成四个单杯,这样就会出现错误。

3)不要把赠品当成商品盘。供应商提供的赠品是为了促销,为了给顾客让利。比如,绿茶2L买一赠一,盘点时,这种买一赠一的商品要将2瓶当成1瓶来盘,而不能按实际的2瓶来盘,所以有时候为了避免这种情况,在盘点前整理商品的时候,要将赠品单独存放,不列入盘点。

4)正确填写盘点卡。在填写盘点卡中的商品数量一栏时需要注意:数量标识要封口,以防止改动,如 * 45 *,而且不允许用红笔书写,书写完毕后签本人姓名。如果在复盘时,初盘数字无误,则只要在复盘栏签字即可,否则需要在复盘栏用红笔标上正确的数量,同样需要对数字进行封口,并签上复盘人的名字。

以上是对盘点内容的概述,有些超市由于受硬件和其他因素的影响,具体做法会有区别,但原理是一样的。

小结

盘点是店铺经营中必不可少的一个环节,是关系到摸清家底、发现漏洞、提高盈利水平的大事。损耗控制也绝不是小事,如不警惕杜绝漏洞,辛辛苦苦得来的效益就可能付之东流。这两项工作需要理货员细心、耐心完成,同时要严格遵照流程和规章办事。实际工作时间长了,经验丰富了,就能熟练掌握其中的要领。

附录 1

理货员一日工作内容

理货员一天的工作内容相对比较固定，主要的内容之一是整理排面和往货架上填补货物。以下将理货员的工作内容作一列举（不分早晚班），仅供参考：

■ 7:30
  ◇ 报到，刷考勤卡。
  ◇ 按要求更换工作服、正确配戴员工胸卡。
■ 7:30—8:20
  ◇ 从收货区将新送的商品拉入库房或补入货架。
  ◇ 根据统一安排，进行商品、货架的清洁。
  ◇ 检查POP、价签是否有缺失；如果有，进行补齐。
  ◇ 商品新的变价是否已操作完毕，是否正确，否则进行更正。
  ◇ 通道是否通畅、整洁，保持通道无空纸箱、垃圾、杂物。
  ◇ 货架排面和端架、量陈是否都丰满，否则需要进行补货。
■ 8:20
  ◇ 参加超市晨会。
  ◇ 关注本店铺、本课（组）昨日销售指标及业绩达成。
■ 8:30—9:00
  ◇ 开店欢迎顾客。
  ◇ 参加本课（组）的工作例会，听主管总结昨日的工作情况，交代当日的工作任务和注意事项及当日的业绩指标。
  ◇ 工作中存在解决不了的问题及时向主管进行汇报或请示。
  ◇ 关注店内公示栏，关注店铺动态。

■ 9:00—12:30

◇ 检查排面的缺货情况,并检查其库存(通过查看实际仓库存放或通过超市计算机系统查看库存情况)。

◇ 如果需要补货,则立即进行补货;如果库存没有货了,将商品资料统计下来,反馈给部门订货的人员或是主管,提醒其订货。

◇ 到收货区查看是否有新的供应商送货,如果有,及时配合收货部门验货并将货物拉走,能补货的拉到卖场补货,不能补货的拉入库房,并按库房的要求分类码放好。

注意:如有供应商的退货,在收货前,先与供应商办理退货事宜。

◇ 巡视卖场,检查是否有缺价签及POP的情况,或有价签及POP破损的情况,如有,将价签补齐或重新写POP并悬挂。

◇ 巡视卖场,排面是否有孤儿商品或商标、包装破损商品,孤儿商品及时归位,商标、包装破损商品及时将其放到仓库的退货区或报损区。

◇ 随时随地热情、细致、周到地向顾客解答有关商品价格、产地、功能或促销等问题。

◇ 定时从服务中心将本课(组)的顾客的退货取回,并将正常商品归入相应的排面,有破损或其他问题的商品放到退货区或报损区。

◇ 随时随地为顾客提供力所能及的帮助。

◇ 查看端架及量陈商品是否丰满,是否需要补货,如缺货,立即进行补货作业。

■ 12:30—13:30

◇ 中午休息。

◇ 按要求刷考勤卡。

■ 13:30—15:30

◇ 巡视卖场,不间断地进行正常的补货作业,包括正常排面、端架、量陈。

◇ 如还有供应商送货,及时配合收货部门验货并将货物拉走,能补货的拉到卖场补货,不能补货的拉入库房,并按库房的要求分类码放好。

注意:如有供应商的退货,在收货前,先与供应商办理退货事宜。

◇ 定期对库房进行整理,按要求对所有商品分类码放,保持库房的干净、整洁、通道通畅、符合安全和防火的要求。

◇ 本段时间是早晚班员工交接时间,所以按要求与对应的同事对工作进行交接,或按主管要求参加工作交接班会。

◇ 上下班员工都注意刷上下班考勤卡,并按要求更换工作服。

■ 15:30—18:30

◇ 继续进行不间断地补货和排面整理,保证排面、端架、量陈商品充足,不缺货。

◇ 每天整理退货区和报损区,将要退货的商品按供应商进行整理,报损的商品及时报损,并办理相关手续。保持退货区和报损区的日清日洁。

◇ 随时为顾客提供服务,帮助解答问题。

◇ 关注服务中心的顾客退货,定时将顾客的退货取回作相应处理。

■ 18:30—19:30

◇ 晚餐时间。

◇ 按要求刷考勤卡。

■ 19:30—22:00

◇ 继续进行不间断地补货和排面整理,保证排面、端架、量陈商品丰满,不缺货。

◇ 将银线的孤儿商品和服务中心的顾客退货取回作相应处理。

◇ 关注店铺的商品变价信息，将要变价商品的新价签打印出来备用。

◇ 如果是换档日，要从主管处拿到促销陈列计划，知道哪些端架和量陈需要进行更换，并准备好新的供端架和量陈陈列的商品，同时准备好用于悬挂在端架和量陈的POP。

■ 22:00（闭店）以后

◇ 将排面整理好，将所有需要补货的地方用商品补满。

◇ 换档日时，更换需要更换的端架和堆头，并张贴或悬挂相应的POP。

◇ 更换所有需要变价的商品价签，并保持货签按要求对位。

◇ 巡查卖场和银线、服务中心，确保没有本部门孤儿商品或破损商品需要作相应处理。

◇ 贵重商品柜台注意落锁等防盗措施，冷风柜或冷冻柜及时拉上盖帘。

◇ 下班前按要求打考勤卡，更换服装。

附录 2

超市常用名词

1. 货架

货架是超市卖场中用来存放和展示商品的道具（铁制架子），可以分为底板、立柱、刀臂等几个部分。

2. Bay

Bay 也叫"背"，指整排货架中的一组货架，或者说是某一个完整的陈列区域。

3. 排面

排面是商品在货架上展示出的整体状况的统称。

4. 端架

端架也叫 TG（top of gondola），是指卖场整排货架两端的位置，一般用来陈列促销商品。

5. 顶仓

顶仓指卖场货架的顶部，用来存放整箱或散箱商品，当做仓库来使用。

6. 量陈

量陈也叫堆头，是指在卖场通道等其他非货架区域集中进行的大量陈列。

7. 陈列

陈列是指商品的展示，即按照一定的原则，利用货架或其他工具将商品展示出来，以方便顾客进行挑选和购买。

8. 垂直陈列

垂直陈列是指同一品牌、同一分类或同一商品在陈列时，由上而下垂直整齐的展示方式。

9. 关联陈列

关联陈列是指依据商品的使用功能,将相关联的商品陈列在同一区域或附近。例如,在烤肉片附近,可陈列烤肉酱、餐具、烤肉架、炭等。

10. 黄金高度

黄金高度是指货架商品陈列时,最容易让顾客看到及拿到的区域,高度为140~160厘米的区域。

11. 拉排面

拉排面是货架层板上出现断货时,将旁边的商品拉过来补充,使货架呈现丰满的动作。请注意,这是错误的做法。

12. 电子秤

电子秤是用于称量货重的设备,主要用于生鲜部门为顾客选购的散装商品进行称重并打印出价格标签。

13. 地磅

地磅是收货部门称量商品质量的设备。

14. 地牛

地牛是托盘搬运车的俗称,是员工补货时使用的工具。它通过人力的牵引,可将商品移动到指定的位置。它需要配合栈板使用,最多能承重3吨。

15. 栈板

栈板也叫拍子,是用来堆放整箱商品,或与托盘搬运车配合起来运输货物的方形板子,有木制的,也有塑料制的。

16. 购物车

购物车是超市提供给顾客用来选购商品的手推四轮车,有的购物车还配置有婴儿座位。

17. 花车

花车是一种小型的、可移动的货架,是用来陈列促销商品的道具,有上下两层。上方陈列销售商品;下方由帷布构成,可放置库存。

18. 冷藏柜

冷藏柜是生鲜部门或日配部门冷藏商品（如酸奶、鲜牛奶等）的陈列器材，柜内温度控制在 0~4 摄氏度左右，高度约为 210 厘米。

19. 冷冻柜

冷冻柜也叫卧柜，是生鲜部门或日配部门冷冻商品（如冰激凌、冷冻面食等）的陈列器材，温度控制在 -22~-18 摄氏度，高度约为 85 厘米。

20. 除霜

冷冻柜在制冷过程中会产生霜花，凝结在制冷设备中，影响制冷效果，所以需要将霜花清除。在超市中，冷冻柜一般有自动设置，除霜被设定为一天两次，一次 40 分钟，这段时间，压缩机不再工作，目的是清除霜花。

21. 冻库

冻库被设立在仓库作业间，是用于储存冷冻商品的库房。在堆放商品时应注意勿阻挡通风口。

22. 主通道

主通道是卖场中引导顾客购物行走路线的主要通道，是卖场中最宽的通道。

23. 暂存区

暂存区是营业部门进货、退货、处理破包的一个暂时存放区域，主要用于防止与正常库存混淆。

24. 卖场布局图

卖场布局图（layout），也叫商品陈列配置图，卖场一般会根据商品的分类进行货架位置的规划。顾客按照卖场布局图中的一定路线一般可走遍整个卖场。

25. 动线

顾客在店内自然行走、购物的轨迹。良好的动线规划可引导顾客在店内顺畅地选购商品，避免卖场产生死角。

26. 店内广告

店内广告（point of purchase，简称为 POP）是超市卖场内悬挂的各种广告，以提示顾客各种商品及其价格信息。

27. 价签

价签也叫货价卡，是放在商品左下角的标签，价签上注明品号、品名及零售价，可供顾客购物参考，以及用于商品陈列定位管理。

28. 促销海报

促销海报（DM 是 direct mail 的缩写），是指随报纸邮递的广告，一般指的是店外散发的海报，海报的内容主要是店铺商品推荐和促销品的介绍及店内定期的优惠活动等，印在促销海报上的促销商品一般被称为 DM 商品，促销海报是店铺内外与顾客沟通的重要媒介。

29. 促销

促销是指超市定期组织的各种商品销售的促进活动，依据市场和节气变化，围绕一个主题展开各种商品的推荐、优惠等活动，促销活动一般是通过 DM 告知顾客的。

30. 档期

档期是指促销的一个周期，一般一个 DM 促销档期持续的时间为两周，如周三上档，隔周二下档。

31. 上档和下档

上档和下档是指促销期开始的准备工作和结束的收尾工作。

32. 换档

换档是指 DM 档期上一个活动期与下一个活动期交替的过程，换档时应注意 POP 与商品位置是否正确，并做到试扫商品价格。

33. 单品

单品也叫 item 或 SKU（store keeping unit），是商品的最小库存单位。如一听可乐是一个单品，六听装的可乐也是一个单品。

34. 单品号

单品号（item code）也叫货号，超市为了便于单品的管理，为每个单品编一个数字代码，通过这个代码，可以从超市的系统中查询到单品的所有信息。

35. 条码

条码（bar code）由一组规则排列的条、空及其对应代码组成，是表示商品特定信息的标识。其代码一般由13位数字组成，前三位代表国家或地区，接下来的五位代表厂商，然后四位是商品代码，最后一位是校验码。条码是用来识别不同商品的，是商品进货入库、录入计算机系统、收银扫描以及盘点时的唯一标志。

36. 保质期

保质期是指食品的最佳食用期或最短使用日期。超过保质期的商品是不能确保质量的。

37. 促销商品

促销商品是正常商品通过降价或加送赠品来增加销量，以吸引顾客购买的商品。

38. 会员卡

会员卡是超市专门为顾客办理的购物卡，顾客持卡可以享受部分商品的优惠，也可以进行销售额的积分，获得超市准备的各种礼品。

39. 会员价

会员价是具有超市会员资格的顾客才能享受到的商品价格。

40. 会员商品

会员商品是超市专门提供给会员的商品，只有会员才能购买的商品。

41. 正常商品

正常商品是在超市的计算机系统中设置为可以订货、退货、正常销售的商品。

42. 促销价

促销价是指在促销期间商品优惠的价格。

43. 正常价

正常价是指考虑到商品的进价并配合公司政策所拟订的平时销售价格。

44. 季节性商品

季节性商品是指由于季节变化造成的顾客需求量变化的商品。超市应根据季节及时更换此类商品品项,如夏季的空调、电扇、灭蚊器、花露水等。

45. 断货

断货是指因超市方面或供应商造成的商品无法继续供应的现象。

46. 商品分类

商品分类是指按照商品的功能和特点,将其进行统一的归类,以便于陈列和管理的手段。一般分为大分类、中分类、小分类,从大到小是包含的关系。比如,听装 355 毫升可乐是单品,它所在的小分类是可乐,中分类是碳酸饮料,大分类是饮料。

47. 先进先出

先进先出即 FIFO (first in first out),它是货物存储、取出的循环方式,目的是让生产日期靠前的商品先销售出去。

48. 日配

日配(daily)是指超市内所出售的每日需要配送的商品,包括牛奶、面包、豆制品、速冻品等。

49. 变价

变价是指采购或营运单位根据市场竞争的需要改变商品售价的行为。

50. 滞销品
滞销品是指长期销售不好的商品。在一定的天数内销售记录为零的商品即可视为滞销品（如百货≥30天，杂货≥20天）。

51. 补货
补货指将卖场商品陈列不足的位置（货架排面或端架、量陈）采取先进先出的原则（新商品补入货架底部）将商品补充丰满的行为。

52. 报损
报损也叫报废，是指对已不可再销售而且不能向供应商退货的商品进行销毁处理的行为。

53. 订货
订货是指考虑商品的库存情况和销售状况，而向供应商或配送中心要货的行为。

54. 订单
订单是向供应商或配送中心发出的订货单据（表格），内容包括供应商名称、供应商编号、商品号、商品名称、商品规格、商品进价、订货数量等。

55. 订货周期
订货周期是对同一种商品或向同一供应商两次订货之间的时间。

56. 送货周期
送货周期是供应商在收到卖场所发订单之日起，准备货物、运输、到卖场收货所需要的天数。

57. 催单
催单是指营运部门对已下订单的厂商进行电话联络确认并要求及时送货。

58. 补单
补单是对无订单商品的到货，经过业务主管同意而补做的订单。

59. 出清
出清是指商品因某种原因需要立即将商品销售出去的状况。通常是型号老旧，保质期临近或瑕疵品，是生鲜部门经常处理商品的做法。

60. 清仓
清仓是指某种商品因季节、市场等原因，商品不可退货，卖场也不再销售此商品，将其剩余库存降价销售的做法。

61. 赠品
赠品是指厂商或卖场用于促销的赠送给顾客的非卖品。

62. 买赠
买赠是指厂商为了商品的销量，在商品上直接捆绑赠品的做法。

63. 盘点
盘点是指为明确计算机系统或账面上的库存数量与实际商品库存数量之间的差异而进行的数量清查。

64. 盘亏
商品或资产清点后的实际库存数量比账面或系统中的理论库存数量少叫盘亏。

65. 盘盈
商品或资产清点后的实际库存数量比账面或系统中的理论库存数量多叫盘盈。

66. POS
POS 是 point of sale 的缩写，是超市前台的计算机销售系统，POS 系统的主要功能包括前台收款、销售明细、前台交班、修改密码、参数设置等。

67. 结账
结账是指顾客在卖场取货后，到收银机台处结算的过程。

68. 团购
团购是指企事业单位、学校等到卖场进行批量商品采购，使用支票或现金（大于 5 000 元）结算的采购行为。

69. 大宗出货

大宗出货特指专业批发商一次大批量低价购入单一商品的采购行为。

70. 专柜

专柜是指在超市卖场收银区以外的某一类商品销售的专门柜台。

71. 防损

防损是指防止超市发生损耗，是对卖场的人员、商品、设备、安全等进行控管的工作。

72. 促销员

促销员是指由供应商派出进行商品宣传和商品促销并协助店内卖场员工工作的人员。

73. 破包

破包是指在商品的运输、装卸、上货、陈列过程中，包装受到损坏，或在顾客挑选中受到损坏，不能正常销售的商品包装。

74. 孤儿商品

孤儿商品是指由于顾客挑选商品时出现新的选择，而将一些商品弃置在卖场其他地方，从而使其离开了陈列位置的商品。

75. 畅销品

畅销品是指知名度高、销售能力强的商品，即是卖场的主力商品，必须保证不脱销。但应注意的是任何商品只是在一段时期内畅销，没有永远的畅销。

76. 畅缺

畅缺是指畅销商品出现的缺货现象。

77. 损耗

损耗是指在商品的日常作业过程中产生的消耗，如生鲜商品的弃货、丢失、破损等。

78. 换货
换货是指厂商对已过期和破包的商品进行更换的行为。

79. 市调
市调分为三种：一种是竞争店调查，对同业竞争对象进行商品、价格动线、陈列、促销等的调查；一种是商圈调查，针对商圈范围内的顾客群、同业、购买力、状况、交通等进行调查；一种是顾客调查，主要是对顾客的商品需求和购物满意度的调查。

80. 退货
退货包括供应商退货和顾客退货，供应商退货是指店铺由于商品销售形势不好或其他原因将商品退回厂商。顾客退货是指顾客由于对所购买的商品不满意，或出现了质量问题，而将商品退回店铺。

81. 来客数
来客数是指由店内收银机统计的某一段时间内来店选购商品并通过收银台结算的顾客交易次数。

82. 客单价
客单价是指来店购物的顾客一人一次购买商品的金额数。一般指的是平均客单价，是店内收银机统计某一段时间内的销售额除以该时段的来客数，得出的平均购买金额。

83. DMS
DMS（daily merchandise sales）即日平均销售量，一般指单项货品日平均销售的数量。

84. 一站式购物
一站式购物是指在一个超市可以将日常要买的商品全部买齐。顾客通过一次性购物尽量购入更多的物品，可以大大节约时间和人力。

85. 商圈
商圈是指一个超市吸引顾客来购物的区域范围。